Philippe POTEL-BELNER

Langue et Histoire: volume 4R

la Première Histoire de l' Humanité

des mythes qui n'en font qu'un

juin 2012
(réédition juillet 2024)

ISBN: 978-2-3225-4133-1

Édition : BoD - Books on Demand, info@bod.fr
Impression : BoD - Books on Demand, In de Tarpen 42, Norderstedt (Allemagne)
Impression à la demande
Dépôt légal : juillet 2024

© copyright Philippe POTEL-BELNER
 Buis-les-Baronnies (France)
  potel-belner@laposte.net

déjà publiés aux éditions BoD

-volume 14: *dictionnaire étymologique de l' hébreu* (1ère partie: l' hébreu moderne), avril 2018
-volume 15: *dictionnaire des noms celtiques masculins de l' Antiquité*, novembre 2018
-volume 28: *noms de familles de France et d' ailleurs*, septembre 2014- mai 2021
-volume 44: *Sanskrit Etymological Dictionary*, june 2017
-volume 58b: *Welsh Etymological Dictionary*, January 2021
-volume 62: *les noms des chefs gaulois de la Guerre des Gaules*, juillet 2017
-volume 148: *dictionnaire étymologique des langues gauloises*, janvier 2018
-volume 176: *études historiques et philologiques II* (n°60 à 116- janvier 2015 à août 2016), mai 2021
-volume 177: *études historiques et philologiques I* (n°1 à 59 -2010 à fin 2014), octobre 2021
-volume 181: *études historiques et philologiques III* (117 à 180 - mars 2016 à 2021), juillet 2021
-volume 185: *sanctuaires et pèlerinages d' origine gauloise,* septembre 2020
-volume 186: *manuel de toponymie française, 1ère partie: les noms de cols*, octobre 2020
-volume 188b: *Old British Personal Names*, avril 2021
-volume 192: *dictionnaire du celtique ancien des manuscrits continentaux du Haut Moyen Age*, septembre 2022
-volume 218: *gloses en ancien celtique (2ème partie) et le gotique et son importance en philologie et en histoire*, mai 2023
-volume 232: *le très ancien français - l'origine de l'ancien français: le Haut Moyen Age*, novembre 2023
-volume 237: *les descendants des tribus gauloises,* juin 2024

disponibles auprès de l' auteur
-volume 4: *la Première Histoire de l' Humanité*, juin 2012
-volume 5: *dictionnaire des mots de la langue gauloise (1ère partie)*, novembre 2012

illustration 1: Héraclès combattant l' Hydre de Lerne. Céramique attique (vers le VIè s av.JC)
illustration 2: chaudron de Gundestrup, personnage qui semble être une femme, probablement une déesse. L'autre élément ressemble fortement à un éléphant.

© 2024-Potel-Belner

SOMMAIRE

- introduction 2024 — 9
- clés du livre, codages — 11
- glossaire — 14
- supplément 2024 au glossaire — 20
- INTRODUCTION — 21
- premier chapitre: *le commencement* — 23
- deuxième chapitre: *la rencontre avec les Grecs* — 34
- troisième chapitre: *la rencontre avec les Celtes* — 50
- quatrième chapitre: *la rencontre avec d' autres peuples* (Sumériens, Egyptiens, Italiques) — 62
- cinquième chapitre: *le cataclysme* — 71
- sixième chapitre: *une secte puissante* — 77
- septième chapitre: *le triomphe de la Croix* — 92
- CONCLUSION — 101
- conclusion 2024 — 105
- bibliographie — 107
- supplément bibliographique 2024 — 113
- la collection langue-et-histoire — 117

INTRODUCTION de 2024

Douze années se sont écoulées depuis cette étude déterminante qui m'a emmené sur des chemins escarpés, mais ô combien passionnants.
Rétrospectivement, je n'aurais pas dû m'attaquer à ces questions essentielles que sont l'Histoire, ses manipulations et ses vérités officielles.
J'avais beaucoup d'autres choses à faire...
Mais les dés ont été jetés, ils sont sur le tapis et je ne les jetterai pas une seconde fois...
Mon principale défaut est d'avoir une trop grande confiance dans l'intelligence humaine... je dirais même un trop grand optimisme quant à la droiture et au courage des hommes.
Pourtant, il n'y a qu'à voir l'état du monde pour se rendre compte de la bassesse, de la vénalité et de l'égocentrisme humain.

Mon expérience, ainsi que celle d'une vie entière- puisque je suis à 'entrée de la vieillesse- me montre que l'humanité est constituée de troupeaux de moutons, que l'on peut diriger facilement, lorsqu'on détient les quelques attributs du berger...

Autrefois, l'Eglise savait faire taire les intelligences; aujourd'hui son rôle est endossé par la science officielle, qu'il faut bien appeler ainsi puisqu'elle se prétend la seule science !
Pourtant le mot "science" est antinomique du mot "officiel": considérer qu'un raisonnement est juste seulement s'il est partagé par le plus grand nombre et surtout par ceux qui détiennent le pouvoir, ne peut conduire, à terme, qu'à la disparition de la Science, en tant que moyen d'accéder à la connaissance...

Cette réédition me donne l'occasion de me relire.
Je ne trouve pas de raisons pour réécrire certaines parties du livre. Malgré mes intenses recherches, peu de ce que j'avais écrit en 2012 mériterait d'être corrigé.
Si ce n'est, par exemple, une récente découverte (voir mon volume 237): l'étymon sanskrit *nr̥* signifiant "homme" possède de nombreuses phonétiques: *tor / ander / drau*, etc... (tout est dû au phonème dental d'origine:

nd / nt, qui est alternatif).
Cette découverte me permet de dire: *dravidien = druide = David = derviche = homme savant.*
Pour plus d'exactitude, David pourrait être *Dhavid* (*Drauid) OU plus sûrement *da-uid* = celui qui donne (da) la connaissance (uid) OU celui qui a donné la connaissance.

La version de 2024 se contentera de marquer les points essentiels, que j' ai maintes fois vérifiés, car ma démarche est toujours scientifique, c'est-à-dire, que, depuis, j'ai systématiquement fait des allers-retours entre les faits et les hypothèses pour décider si ces hypothèses sont censées ou fantaisistes.
En histoire, peu de faits sont établis, et il ne suffit pas qu' ils soient écrits pour qu'ils soient authentiques, et même parfois, plus ils sont écrits et plus ils sont faux ! Rappelez-vous que l' histoire est toujours écrite par les vainqueurs...

Donc, je noterai ces points essentiels par le symbole ▲
A contrario, si l'hypothèse s'est révélée peu étayée et même possiblement erronée ⬇.

Je n'ai bien sûr pas pu résister à éclairer certains passages par des découvertes plus récentes, mais avec le souci de ne pas réécrire la version de 2012. Ces nouveaux éclairages se présentent sous la forme d' ajouts bien séparés du reste.

clés du livre

Remarques et codages linguistiques

Reconstitution de l' ancien indo-européen

Il doit rester une certaine souplesse, une certaine liberté dans cette reconstitution. Ayons toujours à l' esprit que nos systèmes de transcription des phonèmes n' est pas adapté à toutes les langues et que souvent, il se contente de donner une vague idée de ce qu' a pu être le phonème réel, il y a 2000 ans ou plus. ▲
Je prendrai l' exemple du v/u et du j/i du latin. Jusqu' à il y a quelques décennies, les latinistes les différenciaient; avant de s' accorder à dire que le "v" et le "u" transcrivaient sensiblement le même phonème. C' est un exemple parmi d' autres, la linguistique et la philologie sont loin d' être des sciences exactes, n' en déplaise à de nombreux professeurs.

Ecriture des mots étrangers

J' ai décidé de ne pas "alourdir " ma présentation par une trop grande précision. Cela concerne principalement le grec, qui "fourmille" d' accents. Certains linguistes distingués s'en formaliseront. J'en suis désolé, et je considère, qu' effectivement, l' étude du grec ancien ne peut se passer de ses accents; mais dans le cadre d' une étude multilingue et sur une période de plusieurs millénaires, les accents du grecs anciens ne sont pas indispensables...
De même, je transcris « à ma manière » l' alphabet grec:
η => ê   ω => w
Je transcris l' accent rude par un "*h*"

orthographe et prononciation du sanskrit

Les verbes sanskrits sont écrits en capitales. Quand ils sont ainsi, il ne s' agit que de leur radical.

Les trois premières terminaisons du mode le plus courant (*parasmaipada*) sont: -ami (je) ; -asi (tu) ; -ati (il)
Je m' excuse à l' avance, auprès des sanskrisants, des éventuelles erreurs que j' ai pu commettre. Je ne suis pas un grand connaisseur du sanskrit.
Je m' excuse également de l' omission de certaines lettres de l' alphabet sanskrit, telles que: " ṇ " , " ṭ " , " ṛ ", etc...que je me contente d' écrire sans le point.
J' ai néanmoins réussi à conserver la distinction entre sons longs et courts en utilisant l' accent circonflexe pour les sons longs: â , î , û

La prononciation des mots en sanskrit

Les traductions du sanskrit représentées par: "c" , "ç" ,"j" se prononcent respectivement "tch" , "sh" , "dj".

CODAGES

*	= mot reconstitué, non-attesté par une source écrite
<	= vient de (phonétiquement)
>	= donne (phonétiquement)
==	= équivaut suivant les règles des mutations phonétiques celtes
>>	en résumé arrive à

all	= allemand actuel
FR	= français actuel
GAEL	= gaélique: langue vernaculaire écossaise et des régions à l' W et au NW de l' Ecosse.
gall	= gallois actuel
m.gall	= gallois moyen = gallois médiéval et postmédiéval
gaul	= gaulois
lat	= latin (classique)
skr	= sanskrit

DSF = *Dictionnaire Sanskrit-français*
TB = Theodore BENFEY , *a sanskrit-english dictionary*
XD = Dictionnaire de la langue gauloise par **X**avier **D**ELAMARRE, 2ème édition 2008

ETN	= ethnonyme = nom de peuple
NL	= nom de lieu
NP	= nom de personne = anthroponyme
NR	= nom de rivière
ORN	= oronyme = nom de montagne
NF	= nom féminin
NM	= nom masculin
NN	= nom neutre

GLOSSAIRE

(il s' agit de mes propres explications, elles n' engagent que moi)

eurosanskrit: adaptation en alphabet européen des caractères et des sons de la langue sanskrite. Le passage du sanskrit aux langues européennes demande un travail d' interprétation. Par exemple, les nombreux « a », que l' eurosanskrit a ajouté, ne peuvent en aucune manière être systématiquement prononcés comme les « a » européens.

Gaulois: population qui occupait anciennement le territoire de la France.

A partir approximativement du Xème siècle, il est préférable d' utiliser le terme Français, car c'est à peu près à cette époque que le royaume des Francs occidentaux devient clairement la *Francia*.
Du 1er siècle au Vè siècle, on parle de culture gallo-romaine. Du VIè siècle au Xè siècle, on peut parler d' une culture « gallo-romano-franque ». Ces qualificatifs concernent la partie de la société qui « bouge », qui « réagit »:
il va de soi que les campagnes ont été moins influencées par certains bouleversements et, qu' *a contrario*, les élites ont évolué plus rapidement.

gaulois : langue parlée par la population qui habitait la Gaule.

L' appellation de gaulois peut être utilisée, je pense, jusqu' au Xème siècle.

▲ **2024:** après mes recherches sur les traces, assez rares, des langues autochtones du Haut Moyen Age (VII-Xè s), une seule langue peut-être provisoirement isolée (et appelée): l' ancien celtique.
Son étude ne fait que commencer, mais il semble que l' ancien celtique <u>*écrit*</u> était une sorte de *lingua franca*, c'est-à-dire: une langue qui pouvait être comprise par les intellectuels de l' Europe de l' ouest.

Il est nécessaire de différencier:

1- le **gaulois archaïque** (avant la conquête romaine-1er siècle av. JC) ♠
2- le **gallo-romain** (durant la prééminence romaine, jusqu' au début du Vème siècle). J' évite d' utiliser les mots "domination" ou "occupation" car ils ne sont pas neutres (comme tous les mots ! ... il faudrait que les historiens en soient plus conscients).
Le mot « occupation », par exemple, sous-entendrait presque que la population gauloise ait été expulsée ou du moins modifiée en profondeur ! Ce qui est impossible. Ce ne sont pas quelques dizaines de milliers de Romains et Italiques qui ont modifié en profondeur la population et donc la langue des gaulois. Qu' il y ait eu évolution de la culture gauloise, c'est inéluctable, mais disparition de la culture gauloise , c' est inacceptable.
3- le **gaulois tardif** (du Vè au X ème siècle), c'est aussi ce que j' appelle le **très ancien français.** ♠
Quelques influences germaniques ne remettent pas en cause le solide fond celte de cette langue. D' autant que les différences entre langue gauloise, latin (particulièrement le latin tardif) et le francique ne sont pas aussi importantes que d' aucuns l' ont dit. ♠
Il est d' autre part évident que ces considérations linguistiques sont hypothétiques puisque nous n' avons quasiment aucune trace de la langue parlée durant le Haut Moyen Age. Il s' agit donc d' une théorie étayée par des indices que je relèverai au fur et à mesure de mes études.
♠ **2024: les traces écrites de l' ancien celtique sont loin d'être inexistantes, voir les manuscrits dits « en vieil irlandais ». Malheureusement, elles ne sont, pour l'instant, que d'une aide modérée, puisqu' elles n'ont pas été étudiées scientifiquement.**
Le mot « scientifique » ne signifie pas, comme il a tendance à le faire, en ce début de XXIè s, « étudiées avec des machines », quoique, avec l'intelligence artificielle, on en parlera sans doute bientôt...
Le mot *scientifique* **signifie « étudiées en procédant à un tâtonnement, qui fait se succéder hypothèses , vérifications, croisement, comparaisons, etc... » bref, tout ce que la recherche académique ne fait plus depuis au moins un siècle !**

Celtes

Populations qui peuplaient une grande partie de l' Europe de l' ouest, au cours des millénaires qui ont précédé le début de notre ère.

Pendant longtemps, on a affirmé qu' il s'agissait de populations venant de l' est de l' Europe ou même d' Asie, faisant partie des peuples "indo-européens" conquérant l' Europe. D' autres hypothèses sont possibles... ▲
Le mot désigne aussi certaines caractéristiques linguistiques (pas si évidentes), ainsi que culturelles (représentations artistiques et religieuses, rites et composition sociale, druides etc...)
Le mot peut aussi désigner leurs langages.

Il faut faire attention car il n'est pas si aisé d' accrocher une étiquette celte ou non-celte aux populations anciennes. La réalité est beaucoup plus complexe.

Le summum de l' aveuglement étant, sans doute, d' utiliser le qualificatif de "pré-celte" utilisé principalement pour désigner l' étymologie d' un mot (souvent d'un toponyme) que l' on ne peut expliquer par le peu de langue celte que l' on connaît.
De grâce, au lieu de dire pré-celte, dites: "inconnu".
Je rappellerai simplement que le gaulois (le principal exemple de langue celte ancienne, en excluant les langues néo-celtiques médiévales beaucoup plus récentes), le gaulois donc, n'est connu que par quelques dizaines de mots.
En effet, sur les quelques milliers de mots gaulois (ou gallo-romains) dont on a relevé les inscriptions, seuls quelques dizaines ont une traduction à peu près exacte, quelques centaines ont un sens très approximatif, et quelques milliers n'ont pas pu être traduits. ▲
Alors utiliser l' expression "pré-celte" en philologie, signifie: *avant quelque chose que l' on ne connaît pas*. Ce qui, vous en conviendrez, n' est pas très "scientifique".
Il s'agit là d'une dérive des "gens de science": donner l' illusion, jusqu' à s'en convaincre soi-même, que l' on "maîtrise" un sujet, même quand la connaissance de ce sujet ne repose sur à peu près rien. C'est un peu comme les journalistes qui discutent d' un événement sur lequel ils n' ont aucune information, et sur lequel ils peuvent ergoter pendant des heures...

indo-européen

Comme le fait justement remarquer Bernard SERGENT, dans *les Indo-européens*, ce terme a été inventé pour nommer **un important groupe de lan-**

gues aussi bien asiatiques , qu' européennes qui présentent des ressemblances lexicales et grammaticales.
On a également pointé de nombreux points communs entre ces peuples, sur le plan de la religion et de l' organisation de la société.
A mon avis, ces ressemblances linguistiques et sociétales peuvent être élargies à beaucoup d' autres peuples... ▲▲

un paradigme
< *para-* (voisin) + grec: *deigma* = ce qui se montre >> mots et sens de la même famille.

sanskrit: ancienne langue de l' Inde, encore utilisée de nos jours par les intellectuels et religieux indiens, comme le latin le fut, en Europe, il y a encore quelques décennies. On pense que le sanskrit fut particulièrement codifié et perfectionné au Vè s av.JC, par Panini, un grammairien indien.
On peut avancer, sans se tromper, que le sanskrit est la langue humaine la plus complète et la plus précise.
A cette perfection du sanskrit , je vois principalement deux raisons:

1- L ' ancienne pensée indienne est d' une telle complexité et d' une telle finesse, que pour l' exprimer il a fallu créer un outil très perfectionné: une langue possédant un vocabulaire et une grammaire précis et évolutifs.
En passant, je signalerais que les réflexions philosophiques cartésiennes ou kantiennes n' ont rien inventé. Même la philosophie grecque est probablement postérieure à la philosophie indienne.

2- La langue, surtout au début la langue uniquement orale, dans la pensée des civilisations antiques, et même médiévales ou modernes, possédait une puissance religieuse. Le perfectionnement du sanskrit fut donc certainement une oeuvre sacrée. Les historiens et les philologues actuels ont malheureusement éludé cet aspect des langues anciennes. ▲
Il s 'agit pourtant là d' une donnée essentielle de l' étude de l ' histoire des langues et de l' Histoire tout court.
Voilà pourquoi , j' entame cette série d' études intitulées: *Langue et Histoire.*
Vous verrez que les mots sont à l' origine de beaucoup de choses. Les Evangiles, la Bible reposent sur des jeux de mots comme les premières religions de l' Inde. (voir Jean FILLIOZAT, *Les philosophies de l' Inde*, p 14) ▲

Vous verrez ainsi qu' une grande partie de l' Histoire ne se comprend pas si l' on ne possède pas la clé linguistique qui permet de la décoder. ♠
La Pucelle n' était pas vierge , car "la pucelle" signifiait seulement "la petite" au Moyen Age.
La chanson du roi Dagobert qui a mis sa culotte à l' envers, chantée sous l' Ancien Régime finissant, puis sous le Premier et le Deuxième Empire, est une chanson révolutionnaire que les historiens n' ont pas encore décodée. Sa signification est dans mon volume III. ♠

Ce travail de décodage de l' Histoire prendra beaucoup de temps, mais il en sortira une nouvelle Histoire, plus proche des hommes qui l' ont vécue, et enfin éloignée des manipulations qui caractérisent la plupart des documents qui ont servi à écrire l' Histoire, encore de nos jours. ♠

les **Upanishad** = textes sacrés de l' Inde, probablement postérieurs aux *Vedas* et dont la version conservée par écrit date du premier millénaire av.JC (? 700-300.av.JC)

védas , védique: Les *vedas* (= connaissance , science < VID = percevoir , comprendre , connaître) sont un ensemble de textes sacrés de l' Inde, qui remontent au moins au 2ème millénaire av.JC, mais probablement plus. Dans ces textes, ce qui frappe un lecteur européen actuel, c' est la complexité de la pensée religieuse de cette époque ainsi que le souci de précision dans l' utilisation de la langue.

Les verbes grecs, latins , français s' analysent comme des répliques des verbes sanskrit; c' est à dire, le plus souvent: un verbe principal: aller, penser, dire, être + un ou plusieurs préfixes sanskrits: abhi , adhi, anu, apa, ati, avi ,dus, ni, nis, para, pari, pra, prati, sam etc...J' aurai l' occasion d' y revenir..

♠ 2024: ayant étudié le Rig-Veda et ses « traductions », il m'apparait évident que les traductions officielles du Rig-Veda sont extrêmement éloignées de la version orale transmise pendant plusieurs millénaires et qui a été transcrite phonétiquement.

Là encore, un immense travail est à entreprendre, mais je doute qu'il soit entrepris un jour, tant ce champ d'étude est la chasse gardée de quelques professeurs jaloux de leur pouvoir.

SUPPLEMENT 2024 au glossaire

ancien celtique (ancC)
Langue écrite du nord-ouest de l' Europe au Haut Moyen Age. Pour l'instant en très grande partie non-déchiffrée, car grossièrement confondue avec l' irlandais de la fin du Moyen Age.

phonème alternatif, l' alternativité d'un phonème: phonème qui peut présenter de nombreuses formes voisines suivant le lieu et l'époque (par l'écriture et probablement par la prononciation, qui nous est malheureusement inconnue).
   En général, les formes voisines font partie de la même classe de phonèmes. Exemple: une dentale est souvent alternative à une autre dentale. Voir l' exemple que nous avons vu plus haut: *nara == dara == ndara == dra*.

INTRODUCTION 2012

Voici le quatrième volume de mon étude LANGUE et HISTOIRE.
Il reprend de nombreux thèmes des deux premiers volumes, mais j' ai voulu donner, d' une part, une vision d' ensemble sur la réalité historique que mes découvertes induisaient, et d' autre part, une part moins grande aux démonstrations philologiques inaccessibles aux profanes.

Il est évident qu' analyser les mythes anciens est une entreprise périlleuse. Mais, à ma décharge, si certains voulaient mettre en doute mes conclusions, je planterais cette banderille dans l' échine de l' Histoire officielle:
L' Histoire, telle qu' elle est connue de nos jours, est très souvent basée sur une seule relation de faits, sur laquelle nous n' avons aucun contrôle. Elle est l' Histoire seulement parce qu' elle a toujours été considérée ainsi. Elle est souvent l' Histoire approuvée par les hommes qui ont le pouvoir.
S' appuyer sur la mythologie ou sur une analyse philologique me paraît souvent plus sain que de s' appuyer sur une phrase d' une chronique religieuse médiévale ou d' un passage des Evangiles. C'est pourtant ainsi que souvent l' Histoire a été reconstruite et transmise de génération en génération. ♠

En ce qui concerne les mythes, je trouve un certain réconfort à rejoindre DIODORE de Sicile, deux mille ans plus tôt: « *je n' ignore pas que ceux qui composent les récits de mythologies antiques sont souvent dénigrés.*
En effet, l' ancienneté des faits exposés, qui rend difficile leur établissement, met les auteurs dans un grand embarras. D' autre part, la chronologie, parce qu' elle échappe à un très scrupuleux examen, fait que les lecteurs méprisent l' histoire. En outre, la diversité et l' abondance des généalogies des héros, des demi-dieux et des autres personnages rendent la narration difficile.
Mais le plus grave, et le plus étrange de tout, c' est qu' il arrive à ceux qui ont exposé ces exploits et ces récits mythologiques très anciens d' être en désaccord entre eux.
Ainsi, parmi les historiens qui se sont succédé, les plus réputés ont renoncé à la mythologie ancienne vu sa difficulté et ils ont, au contraire, entrepris de relater des faits plus récents....Quant à nous, nous faisons un choix opposé au

leur et, assumant la difficulté de ce récit, nous avons mis tout notre soin à l'étude de l'Antiquité. » (livre IV, §1)

J'ai trouvé judicieux de vous raconter cette Première Histoire de l'Humanité en sept chapitres:

chapitre I: *le commencement*

chapitre II: *la rencontre avec les Grecs*

chapitre III: *la rencontre avec les Celtes*

chapitre IV: *la rencontre avec d'autres peuples (Sumériens, Egyptiens, Italiques)*

chapitre V: *le cataclysme*

chapitre VI: *une secte puissante*

chapitre VII: *le triomphe de la Croix*

chapitre I:

le commencement

Il était une fois...car l' Histoire commence comme les contes pour enfant. N'est-ce pas PLATON ? tu nous l' as dit dans le *Timée* (23b) quand tu rapportes les paroles du vieux prêtre égyptien: « *les généalogies concernant les gens de chez vous ...diffèrent bien peu des mythes (contes) pour enfants* ».
Il était une fois, donc, un peuple qui vivait sur la côte occidentale de l' Inde, il y a de ça, peut-être, 10 000 ans.
La date précise sera connue car des éléments, que nous verrons plus loin, pourront être datés.

I- L' Eden, le Jardin des Hespérides, l' Atlantide

Le territoire qu' habitait ce peuple jouissait d' une fertilité hors du commun. La conjonction entre une terre riche, en grande partie d' origine volcanique (**note 24**), et des pluies abondantes faisait que les plantes croissaient rapidement et vigoureusement. Le bétail prospérait.
Alors que l' humanité était encore constituée de chasseurs-cueilleurs du début du néolithique, ici se développa une civilisation dont la prospérité matérielle permit à certains d' être dégagés de l'obligation de rechercher sa subsistance quotidienne.
Ce pays apparaît à de multiples reprises dans tous les mythes.
En plus des noms qu' on lui a donné, cités plus haut, il faut ajouter le pays de *Dilmun* des mythes sumériens.

SOURCES
-la Bible
-PLATON
-DIODORE de Sicile: livre III,§54
- Geoges ROUX (coll.): *initiation à l' Orient ancien*, pp 40 à 52.

---

note 24: PLATON, *Critias* 113e: source d' eau chaude de l' Atlantide. La région, localisée plus loin, possède un sol volcanique.

II– La tripartition fonctionnelle de la société

L' organisation de cette société se déroula probablement sur plusieurs siècles ou millénaires. Les progrès furent d' abord importants dans les techniques agricoles et autres (?), ainsi que dans la pensée. Des hommes mirent au point une langue capable d' exprimer des pensées complexes et qui permît de communiquer avec les dieux.

De la fabrication de cette langue et de l' observation de la nature, un système de valeurs et de croyances se construisit (on appelle cela une *religion*). Certaines ressemblances entre les mots créèrent de nouveaux rapports sociaux ou de nouveaux rites.
C'est ainsi que les prêtres et les intellectuels s' occupèrent du domaine de la pensée: les *brahmanah* (sing: *brahman*).
La protection, la défense de la communauté fut le domaine des *ksatriyah*, les guerriers. La troisième caste fut celle des *vaiçyah* qui demandaient à la terre et à l' eau de produire la nourriture.
Cette conception des rôles humains fut bien cernée par Georges DUMESNIL et d' autres. Elle marqua de son empreinte toute l' Histoire de l' Humanité jusqu' à nos jours.
En France, les Etats Généraux de la fin du Moyen Age et de la période moderne (jusque 1789) en sont une des nombreuses manifestations: le Clergé, la Noblesse et le Tiers-état.

SOURCES
-les travaux de Georges DUMESNIL et d' autres...
-Emile BENVENISTE, *vocabulaire des institutions indo-européennes*, volume I.

III– L' astrologie, science sacrée et source de connaissance

J' ai dit plus haut que la pensée de ce peuple se façonna en construisant

une langue perfectionnée et en observant la nature terrestre.
De même, ils décelèrent dans la nature des principes universels tels que la maturation et le cycle de la vie et de la mort, ils tirèrent de l'observation des parcours des astres et des cycles astraux, un vocabulaire et des principes qui conditionnèrent leur pensée. J'insiste sur le couple pensée-parole, car chez les anciens, les mots avaient une action propre à eux-mêmes, c'est-à-dire que, par exemple une simple homophonie pouvait être à l'origine d'une pensée. ▲

« *L'enseignement spécifique des Upanishad est bien celui des correspondances et relations entre toutes choses, relations inapparentes au vulgaire — et, c'est en cela qu'elles sont secrètes — mais connues des savants. Ces relations peuvent tenir à des similitudes de structure, mais le plus souvent sont numériques ou verbales. Toutes choses en même nombre ont par là un trait d'essence commun et les noms de choses qui ont une ressemblance avec d'autres mots exprimant une action sont censés déceler en ces choses un aptitude à réaliser cette action.*
Beaucoup de spéculations sont ainsi de pseudo-étymologies, ne cherchant nullement, comme nous le faisons en linguistique, l'origine des mots, mais voulant dégager les virtualités des êtres et des choses désignées par les mots. »
(Jean FILLIOZAT, *Les philosophie de l'Inde*, p 14)

Ils étaient si férus d'astrologie qu'ils gardèrent le nom pour l'éternité d' « *experts en rayons* », en langue ancienne *dra-uid, on les appela les **Dravidiens** (**note 26**).
Cette appellation d'« *experts en rayons* » se retrouve dans les noms des prêtres gaulois: les **druides** et dans le nom de prêtres musulmans: les *derviches* (le Larousse donne comme étymologie le persan *darwîch*).

SOURCES
Experts en astronomie: Diodore de Sicile Livre III, §56

note 26: les Dravidiens sont un peuple qui compose de nos jours environ un quart de la population de l'Inde. Ils sont noirs de peau et de stature plutôt frêle. Ils n'ont pas le type négroïde et sont probablement une des populations de l'Inde les plus anciennes.

🔺 2024: il me semble que je n'avais pas expliqué, à l'époque, ce paradigme *dra* = rayon.

skr: *târa* = qui fait traverser, sauveur, brillant,.

târakâ = étoile < qui fait (*ka*) les rayons (*târa*).

gotique: *Þlauhs* (==*ddrauhs) = cours, vol (d'un projectile, d'un objet volant)

latin: *telu-m* (== *teru) = rayon de soleil, trait, flèche.

L'idée, déjà présente dans mes ouvrages précédents, était le *rayon* en tant que relation entre des éléments. L'expression française « en connaître un rayon » est sans doute en rapport avec ce paradigme.

↓ 2024: mais le sanskrit *Draviḍa* signifie « les hommes savants » < ndara-uida (*ndara == nar = homme, voir aussi les ethnonymes gaulois).

Le mot désigne un peuple vivant près de la rivière Godâvarî.

Si cela ne suffisait pas, le DSF ajoute les autres traductions: « fils de Kṛṣṇa », et: « descendant d'un Kṣatriya (noble) déchu de sa caste » ... Tous les éléments concordent.

IV– description des Atlantes-Dravidiens

la peau noire

Chez les Celtes, Héraclès Ogmios: « *pour eux il s' agit d' un homme extrêmement vieux, ...sa peau est ridée et brûlée jusqu' à être tout à fait noire, à la manière des vieux marins. On croirait que c'est Charon ou un Japet de dessous le Tartare.* »
SOURCES: LUCIEN, *Héraclès*, 1-

Les *Aithiopas* dont parle DIODORE (Livre III,2-1) sont probablement des Dravidiens. Les interprétations en ont fait des Africains de Méroé (Nubie, Haut Nil), mais les précisions de Diodore « *les Egyptiens sont des colons originaires de chez eux* (les *aithiopas*) *et que cette colonie fut conduite*

par Osiris » montre l'origine indienne des *aithiopas*. (Osiris est venu d'Inde monté sur un taureau)
Chez les Grecs, de toutes manières, *aithiopas* sert à désigner les hommes à peau brun foncé ou noire (racine qui signifie *brûlé*).
Hérodote (III-101 et VII-70) oppose les « éthiopiens » (*aithiopas*) de Lybie (Africains) à ceux d'Asie qui ont les cheveux raides (Dravidiens).

Diodore ajoute que les *aithiopas* sont réputés pour leur piété et leurs relations privilégiées avec les dieux. Ils passent même pour avoir été les premiers à rendre un culte aux dieux et d'avoir inventé le rite du sacrifice.
Seule la civilisation védique peut correspondre à ces précisions. Le site de Méroé, en Nubie, n'est pas très ancien (maximum 1000 av.JC) et son degré de développement ne corrobore pas du tout le statut de centre de développement de la civilisation que lui donne DIODORE.
Il faut plutôt rapprocher le mot *Méroê* qui a induit la méprise (DIODORE, livre III,6-1) de *ho mêros* = la cuisse, de Jupiter dont est né Dionysos, divinité représentant le peuple Dravidien. J'ai tenté d'analyser philologiquement *mêros* dans le paragraphe sur la *rencontre avec les peuples d'Italie*, dans le quatrième chapitre, mais le travail n'est pas terminé.
Rappelons aussi que l'« île »(*nysa*) de Méroé interfère dans le mythe de l'« île »(*nysa*) de l'Atlantide qui n'en est pas une (voir deuxième chapitre).

Un passage très intéressant de DIODORE concerne l'écriture hiéroglyphique des *aithiopas* (Dravidiens ?) qui « *exercent leur esprit par une pratique et une mémorisation de longue durée...* ». Faut-il rapprocher cette écriture des quelques tablettes écrites de Mohenjo-Daro ?
(il me semble qu'une tablette du même type a été trouvée en Bulgarie, mais je n'ai pas les références)

petite taille

En contradiction avec le mythe d'Héraclès, mais Héraclès est une représentation de la « force » intellectuelle des Atlantes-Dravidiens, et de leur filiation de l'eau et de l'Himalaya. Comme Atlas, il a endossé la puissance de l'Himalaya.

SOURCE: mythe de David dans la Bible, voir chapitre IV.

la barbe

Les mythiques personnages étrangers et bénéfiques des civilisations anciennes sont presque toujours avec une longue barbe.

DIODORE de Sicile, Livre III, §63, p 99:
Ce même dieu (Dionysos), *disent-ils aussi, portait une longue barbe parce que c'était la coutume chez les Indiens de veiller à se laisser pousser la barbe jusqu' à la mort... etc..*

V– une civilisation très avancée

les Atlantes maîtrisent beaucoup de techniques

SOURCES
- PLATON: le Timée, le Critias
- DIODORE, livre III, 56

les merveilles du pays Atlante
les fossés emplis d' eau, etc...

SOURCES
- PLATON
- DIODORE, livre II §39-3

VI– le conseil des sept sages

Plusieurs sources, font état d' un conseil des sept sages, qui participait au gouvernement du peuple Atlanto-Dravidien.
En Inde, le Conseil des Sages qui jugent, conseillent et prédisent l' avenir.
(DIODORE livre II §40)

Dans l' Eglise chrétienne débutante, la province d' Asie est divisée en sept Eglises (cf: l' *Apocalypse*).
En Grèce, il existait aussi un Conseil des Sept Sages à l' époque classique.

SOURCES:
-Les sept sages de Sumer, venus de la mer. (Jean BOTTERO, *la plus vieille religion du monde*, p 36)
-Actes des apôtres 6-3: ...*choisissez parmi vous* **sept hommes** *de qui l' on rende un bon témoignage, remplis d' Esprit (saint) et de sagesse, et nous les chargerons de ce travail* (les distributions quotidiennes)...

VII- correspondances entre l' Inde et l' Atlantide

Dans la description de PLATON, on peut saisir trois entités géographiques de dimensions différentes:
1- l' île- continent, c'est-à-dire l' Inde, "*l' île en son entier était orientée vers le sud*": les massifs montagneux la bordent au nord.
2- la Grande Plaine qui semble "coincée" entre la mer et des montagnes moyennes.
2- une île plus réduite, siège de la capitale royale, encerclée de canaux et de fortifications.

la grande plaine

CRITIAS: La plaine, plus longue que large, mesurait sur un côté trois mille stades, et deux mille stades au milieu en remontant à partir de la mer.
3000 stades = env. 500 km et 2000N stades = env. 360 km
La plaine formait un quadrilatère dont les côtés étaient presque rectilignes et dont la longueur surpassait la largeur.
Je pense que la très grande plaine de la côte occidentale de l' Inde se prête bien à la comparaison. Les dimensions en stades pourraient être celles de ses largeurs, "de la mer en remontant" jusqu' à la chaîne montagneuse des Ghâts. Cette plaine est impressionnante par sa longueur du nord au sud et sa relative étroitesse. (d' autant plus vulnérable à un raz de marée)

Elle est encore actuellement pleine de canaux (Kerala).

l' île-capitale

L' actuelle presqu' île de Kâthiâwâr, était indubitablement, il y a peu, une île, avant que les alluvions ne la rattachent au continent. Elle pourrait être la localisation de l' ancienne capitale atlante. Mais en attendant des preuves concrètes...
Cette région à l ' est de l' embouchure de l' Indus pourrait expliquer le passage du Timée (25d) « *De là, vient que, de nos jours, là-bas, la mer reste impraticable et inexplorable, encombrée qu' elle est par la boue que, juste sous la surface de l' eau, l' île a déposée en s' abîmant.* »

les éléphants

L' importance des éléphants chez les Atlantes aurait dû orienter les chercheurs vers l' Inde, depuis longtemps.

les sources d' eaux chaudes

Cette région de l'Inde présente un sol volcanique, tout à fait en adéquation avec la description de PLATON.

VIII– les traces qu' ils ont laissées

Pour l' instant, cette civilisation n' a pas été mise en évidence matériellement. On peut émettre l' hypothèse que les énormes phénomènes de sédimentation de ces régions de l' Inde, conjuguant forte pluviométrie, grands fleuves et terrain volcanique, ont recouvert toutes traces.
Peut-être la civilisation de l' Indus en est-elle un des vestiges tardifs ? (*Mohenjo-Daro*, IIIème millénaire av.JC)

Je suis persuadé qu'à la lumière de mes découvertes des indices vont maintenant parler.

chapitre II

à la découverte du monde, rencontre avec les Grecs

I– Les Dravidiens à la découverte du monde

Ce peuple, familier de l'océan, ne tarda pas à explorer les rivages les plus lointains (**note 35**).
DIODORE mentionne, à plusieurs reprises, des stèles comportant des inscriptions, laissées la plupart du temps par Dionysos ou Héraclès qui sont les demi-dieux représentant le peuple Atlanto-Dravidiens. (par exemple: livre III, §73)
Ces stèles auraient été laissées en plusieurs endroits du monde.
Aurons– nous la chance de retrouver une de ces stèles un jour ?

DIODORE de Sicile l'affirme dans son livre III, §73: en parlant de Dionysos, demi-dieu né en Inde, qui a apporté beaucoup de bienfaits à l'humanité: *il n'est personne, en effet, ni chez les Grecs, ni chez les Barbares, qui n'ait sa part du don et de la faveur de ce dieu* (Dionysos).

♠ **2024: ce passage de Diodore montre bien comment les Dravidiens ont apporté les nouvelles techniques à l'humanité entière.**

SOURCES
DIODORE de Sicile (livre III, §55, §73)
PLATON, *le Timée*, 24e: *Nos écrits disent l'importance de la puissance étrangère que votre cité arrêta jadis dans sa marche insolente sur toute l'Europe et l'Asie réunies, lançant une invasion à partir de l'Océan Atlantique.* (= Océan Indien)
(s'agit-il de la Guerre de Troie ?)

note 35: je serai prudent sur cette idée car la littérature passée, en particulier sur les Atlantes, est riche d'élucubrations qui demandent plus de preuves.

II– les Dravidiens rencontrent les peuples de Grèce

Le souvenir de cette rencontre est préservé principalement dans la mythologie grecque (Héraclès, Dionysos, Bakkhos), dans l' oeuvre d' HOMERE et dans le *Timée* et le *Critias* de PLATON.

L'Iliade et l' Odyssée

Ces poèmes épiques, sont censés avoir été écrits ou chantés par le légendaire Homère, au cours du premier millénaire av.JC , en Grèce et en Asie Mineure.
Ce sont, en réalité, des mythes beaucoup plus anciens.
Leur analyse m' a pris beaucoup de temps et il n' est pas question ici de les décrypter entièrement.

Je rappellerai pour commencer le thème de ces poèmes épiques.
L' *Iliade* raconte l' expédition de Grecs contre des Troyens qui ont enlevé Hélène, femme du roi de Sparte.
L' *Odyssée* raconte le voyage de retour chez lui de *Ulysse* (en grec: *Odysseus*) après la prise de Troie.

Ce qui paraît et ce qui a toujours été interprété comme un récit fondateur de la nation grecque pour l' *Iliade* et un récit féerique pour l' *Odyssée*, est en réalité la relation de la rencontre avec les Dravidiens et l' Histoire mythique de ce peuple.
Les Grecs de la période classique avait-ils accès au véritable sens de ces récits ? Je pense que de tous temps, certains hommes ont été dans le secret.
C'est pourquoi l' Histoire est parsemée de sociétés secrètes et de livres ésotériques.
Certains ont été initiés à ce Grand Secret.
Il est d' autre part fort possible que les Grecs aient volontairement fait dériver l' histoire d' Homère vers un sens encore plus caché, au motif que la culture grecque n' avait rien à devoir à d' autres peuples.

Le point de départ de mon décryptage fut le nom *Odysseus*, l' épisode du cheval de Troie, le grand voyage d' Ulysse et son retour à Ithaque.

Odysseus

Le premier élément est certainement apparenté au gaulois: *uidi* = connaissance (XD-317) et le deuxième élément *–iseus* est éclairé par le <u>skr:</u> *vidatha* = un sage , un homme instruit. ♠
Odysseus signifie donc « le sage, l' homme instruit ». Le nom de l' épopée l' *Odysséia* pourrait être « la grande connaissance ».
Le nom latin *Ulysses* OU *Ulixes* est apparenté et signifie à peu près « grande vision ».

Le cheval de Troie

Les Grecs vont réclamer Hélène. Il y a sans doute des palabres et peut-être un affrontement physique (qui n'est pas du tout certain).
Il est probable que les Grecs réussissent à récupérer Hélène, car l' expédition a quand même un air de victoire.
Mais les Grecs ont accepté de confier un enfant aux Dravidiens: c 'est le *hippos*, le cheval, en grec mais le mot qui signifie « enfant » dans l' ancienne langue est: *iccos* OU *icos* (gaul: *iccos* OU *icos* = qui s' accroît, qui grandit, voir <u>gall</u>: *bychan* < **ychan* = petit; grec: *to teknon* = petit, enfant < skr: *çiçu* = enfant, petit. VOIR esp: *pequeno* etc...)
Le grec *hippos* avait certainement une prononciation proche de *iccos* car le cheval en indo-européen est à l' origine prononcé **ékuos* (XD-163). Cet enfant, c'est Ulysse qui raconta, par la suite, son voyage merveilleux jusqu' à l' Inde quand il fut de retour en Grèce, après son long apprentissage.

⬇ **mon explication était un peu confuse.**
Il est évident qu'il n' y a aucune raison pour que *hippos* soit prononcé iccos ! Ce passage est beaucoup trop approximatif.

♠ **2024: Je n' ai pas varié mon hypothèse depuis: le mythe du Cheval de Troie est, avec une quasi-certitude, celui d'un enfant confié aux Atlantes-Dravidiens pour effectuer son apprentissage.**
Comme les mythes reposent toujours sur les mots, mon argument est le suivant:

Bailly > *ho pwlos* = le cheval, le jeune cheval, le jeune garçon.
latin: *pullus* = petit (d'un animal), poulain.
D'autant plus que *pwlos* est proche de la racine grecque: PEL = se mouvoir, voyager ! (*in* Bailly)

La prise de Troie représente la prise de l'intelligence, et des moyens d'accéder au progrès.
skr: TR̥ = gagner, sauver, libérer de; -*tara* (ifc) = fait de surmonter, de réussir.

Le retour d' Ulysse à Ithaque

Quand HOMERE dit qu' il nomma les arbres par leur nom dans le verger de son père (*Odyssée*, chant 24), il veut dire que *Ulysse*, le Druide, connaissait dorénavant toutes les étoiles et les mouvements astraux.
« arbre » dans l' ancienne langue a la même racine que « rayon » : *DRI
skr: *dru* = arbre; gaul: *deruos* = un chêne, etc...
♠ 2024: skr: *taru* = arbre; *târâ* = étoile, astre !

Par ailleurs, le principal prétendant auprès de Pénélope se nomme *Antinoos*, ce qui signifie l' « ancien savoir ».

Comme dans toutes les mythologies, les noms s' analysent car ils ne sont pas donnés au hasard... mais la tâche est immense et compliquée.

III- l' Atlantide et les Atlantes de PLATON

Le mythe de l' Atlantide est l' exemple idéal qui montre la nécessité d' inventer une philologie historique.
Si les historiens et les apprentis historiens étaient restés au plus près du texte de Platon, si les scientifiques étaient un peu moins spécialisés, ils auraient pu décoder PLATON, et dans ce cas, il s' agit seulement de traduire correctement le grec !

Eh oui, dans les sciences historiques, comme, de nos jours, dans toutes les sciences, la connaissance est saucissonnée: l' historien interroge le linguiste ou le traducteur dès qu' il veut un avis sur un mot. Il se repose entièrement sur cet avis. Le traducteur lui-même n' a pas le recul nécessaire et la méthode historique pour appréhender correctement un texte.

hê nêsos

Dans le texte, Platon emploie le terme de ***nêsos***, pour décrire l' Atlantide. Le sens le plus courant du mot est: *île*, mais aussi *presqu' île* (*in* Bailly).
Sa véritable étymologie est skr: *nâtha* TB-464 = un protecteur.
Le terme grec fait appel à une vieille notion indo-européenne qui fait utiliser le même mot pour une île au milieu de l' élément liquide, que pour un territoire délimité et isolé par des rivières (parfois en toponymie, délimité par autre chose qu' une rivière) ainsi que pour une presqu' île (**note 39**).
Le terme est largement utilisé en toponymie à l' intérieur des terres, dans toute l' aire indo-européenne et ailleurs...
STRABON (aux alentours du début de notre ère) parle du terme *nêsos* dans sa *Géographie* (Livre I-4-7): "...les continents (*êpeiros*) ... c'est tantôt par les fleuves qu' on les divise..., ce qui les définit comme îles... " (*nêsos*). ♠
Une *nêsos* est donc chez Strabon un territoire délimité par des fleuves !
Cette conception date des plus anciens géographes grecs et était encore discutée à l' époque de STRABON.

L' Atlantide était donc un grand territoire délimité par de grands fleuves et pas du tout une île !

note 39: la presqu' île ou « l'éperon barré » est un habitat fortifié bien connu des archéologues de l' Age du Bronze.

Il y a « colonnes » et « colonnes »

Examinons maintenant l' occidentalité de l' Atlantide.
Où est-t-il écrit dans l' oeuvre de PLATON que l' Atlantide est à l' occident de la Grèce ? Pour peu que l' occident antique ait tout à fait le même sens qu' aujourd'hui.
Les historiens, hellénistes et traducteurs ont arrêté leur raisonnement au mot *ahi stêlai* « les colonnes ».
Ils ont orienté la géographie de l' Atlantide à partir d' un raisonnement faux qui identifie systématiquement *Stêlai* à "détroit de Gibraltar", donc vers l' ouest ou dans l' océan occidental, par rapport au monde est-méditerranéen.
Mais il y a une difficulté: c'est la polyvalence du mot *stêlai* dans les textes antiques. Il désigne les « portes » donnant sur le Grand Océan qui entourait le monde connu. Et ces portes sont au nombre de deux ! Ainsi, il désigne parfois le détroit de Gibraltar, et d' autres fois le détroit de Bab el Mandeb, à la sortie de la Mer Rouge. ♠

Une étude de l' emploi du mot dans les textes grecques (pas chez tous les auteurs) met en évidence, à mon avis, l' emploi de *Stêlai* , « LES Colonnes » quand il s' agit du détroit de Gibraltar et de *'Hrakléion stêlai* , " les colonnes d' Héraclès", quand il s' agit du détroit de Bab el Mandeb.
Aussi quand PLATON situe l' Atlantide en face "des colonnes d' Héraclès", il veut dire tout simplement dans l' Océan Indien.

De même, quand dans *le Timée* (25a), il indique: "*Car tout ce qui se trouve de ce côté-ci du détroit dont nous parlons (Bab el Mandeb) ressemble à un port au goulet resserré* ..." les chercheurs ont interprété cette description comme étant celle de la Méditerranée à l' est de Gibraltar.
Pourtant la description convient beaucoup mieux à la Mer Rouge, d' autant qu' une autre traduction est possible au lieu de:
phainetai limên sténon tina ékhwn éisploun. = "ressemble à un port au goulet resserré" ; on peut proposer la traduction: "on voit un port (ou un *limnê* = bras de mer, étang) allongé quand on se dirige en bateau vers le détroit". Traduction qui ne laisse aucun doute tant elle colle à celle de la Mer Rouge.
Voir aussi ce qu' en dit DIODORE de Sicile (1er s. av JC).

Atlantique

De même, il y a méprise sur le sens d' *Océan Atlantique*, même si PLATON en donne l' étymologie comme provenant d ' Atlas. Si "notre" Océan Atlantique" se situe à l' ouest de l' Europe et de l' Afrique, ce n' est pas parce qu'il est l' océan des Atlantes, mais simplement parce qu'il possède plusieurs significations dans l' ancienne langue:
1- « océan très grand » < skr: *atyanta* TB-12 = très grand
2- « océan extrême » < skr: *âtyantika* TB 75 = jusqu' aux limites, infini et même avec un *â–* signifiant *abhi-* = autour >> océan très grand qui entoure.
-autre possibilité: "comme une grande plaine" < *ad – hlant – ike*.
Ce nom était donné par les Grecs à l' océan qui, pensaient-ils, entourait les continents. (voir, par exemple, Strabon, I-1,8)

le passage se Suez

Autre argument, celui d' un ancien passage navigable par Suez, faisant communiquer la Méditerranée avec la Mer Rouge. Cet ancien passage, maintes fois évoqué dans les textes antiques, est mentionné, par exemple, par PLATON (Timée, 24e): *toté gar poréusimon ên to êkéî pélagos* = la traduction de Luc BRISSON est: "c'est que, en ce temps-là, on pouvait traverser cette mer lointaine", je proposerai: " à cette époque, en effet, cet océan était accessible par là (l' Egypte et Suez)" ou "cet océan lointain était accessible" (sans faire le tour de l' Afrique).
Le canal de Suez reprend en effet le tracé d' une faille qui fut , à n' en pas douter, en eau, à une époque pas si lointaine.
D' autre part, les auteurs antiques font souvent allusion au creusement de canaux en Egypte pour faire communiquer la Mer Rouge avec la Méditerranée (? au moins à l' époque des Sésostris, XIIème dynastie égyptienne, env. 2000 av JC, voir STRABON, livre I, 2-31 et note p 198) .

Atlantes, Atlantide

Les mots " *Atlantes*" et "*Atlantide*" , en dehors d' être apparentés comme tous le disent à Atlas, possèdent d'autres interprétations que "ceux qui ont un bel aspect", "ceux qui sont brillants".

1- Il existe en Grèce centrale, une ville actuelle nommée *Atalanti*. L' analyse étymologique décompose le mot en:

ad (==*and = grand) + lant (==*plan = plaine) => grande plaine
Ce qui correspond à la description de l' Atlantide par PLATON.
D'autant plus que cette ville de Grèce se trouve dans une plaine assez grande (pour la Grèce !) et qu' à côté se trouve une ville nommée (aussi) *Megaplatanos*, qui peut évidemment indiquer "un grand platane" (l' arbre) mais cette racine *(p)lat ou *p(l)ant existe en grec ancien: *hê platéia* = la plateforme.

2- le verbe grec *plassw* ou *plattw* = façonner, modeler > avec soin, avec art > parler avec recherche, composer son langage. PLATON tire probablement son nom de cette racine et je suis convaincu qu' elle a également concouru à la formation de l' appellation *Atlantide*.

↓ 2024: ces étymologies sont assez confuses. Je pense qu'il est nécessaire de revenir à une étymologie plus simple: *ho athlêtês* = homme qui a l'expérience de < ATHLEW = faire avec effort, construire à force de travail. Ce paradigme convient au sens du mot Dravidiens > les hommes savants.
Je rappellerai également que *athlêtês*, par l' alternativité des dentales == *athlêntês.

La terminaison en –*ide* signifiant "maison, pays".
>> le pays des hommes au langage recherché

J' éluderai les autres homophonies dont parle Bernard SERGENT (*L' Atlantide et la mythologie grecque*, p 71-72): *Atalantè*, chasseresse et grande coureuse, et *Tantalos*, dont on se demande ce qu' ils viennent faire ici. (*Atalantè* fait partie, entre autre, du paradigme de *ho athlêtês* = l' athlète, (**très**) lointaine dérivation de *plassw / plattw*)

Gadeira, Gadérique

Une autre méprise grossière est d'avoir pris le lieu *Gadeira* et la région *Gadérique* comme un ancien nom de Cadix ou de sa région (en Espagne du sud).
C'est un toponyme, peut-être bâti sur une racine *cado = beau, joli.
Cadix, en Espagne, n'en est pas le seul exemple !

le CRITIAS amputé

Malheureusement le texte de PLATON est incomplet. A la fin du CRITIAS, nous avons été privés de ce qui s'est passé à la suite du cataclysme exterminant les Atlantes. Le texte est brutalement interrompu alors que Zeus va parler de la fin funeste des Atlantes. Ce passage a donc était « perdu » ou pas recopié ?

IV– la mythologie grecque

Héraklès

Le demi-dieu Héraklès est une personnification du peuple Atlante-Dravidien (Voir aussi l' *Héraklès* gaulois, chapitre III).
Ses douze travaux sont un mythe décrivant son action bienfaisante.
Le nettoyage des écuries d'Augias peut représenter la mise en culture d'une terre jusque là inculte, par un travail d'assèchement ou au contraire d'irrigation.
L' hydre de Lerne peut représenter la lutte (et également le culte) des Indiens contre les cobras royaux qui sont des bêtes particulièrement impressionnantes, que l'ont peut aisément comparer à l'hydre de Lerne, aux têtes qui se balancent au bout d'un long cou et dont la rapidité de mouvement peut faire croire à de multiples têtes.
L' analyse complète du mythe serait un travail immense, puisque, comme

vous le savez maintenant, tous les mots qui ont servi à construire le mythe sont des mots à plusieurs sens. Pour les décoder, il faudrait faire, à chaque fois, une longue étude philologique.

Un de ses attributs principaux est l'arc, symbole de la parole, qui atteint son but même de loin. (voir LUCIEN, *Héraklès* 6-)

SOURCES:
-DIODORE: livre II §39-1: Héraklès serait né en Inde. ▲
-LUCIEN
-Pierre GRIMAL

Dionysos

« *celui qui enseigna ce qui touche à la fabrication du vin et à la récolte de ce qu'on appelle les fruits... le plus ancien* (Dionysos) *naquit en Inde...il portait une longue barbe parce que c'était la coutume chez les Indiens de veiller à se laisser pousser la barbe...*» (DIODORE, Livre III, §63)

Dionysos est souvent représenté avec des cornes. A rapprocher des personnages qui possèdent un chapeau à pointe du chaudron de Gundestrup et du dieu gaulois *Cernunnos*.

DIODORE le présente également comme celui qui apprit aux hommes l'usage de la charrue. « *pour le remercier, ses obligés lui décernèrent des honneurs et des sacrifices comme on en offre aux dieux, tous les hommes sans exception, lui décernant l'immortalité...* » (livre III, §64) ▲

Dionysos signifie « protégé, favorisé par les dieux ».

SOURCES:
DIODORE: livre II, livre III
Pierre GRIMAL

Bacchus ou Bakkkos
Divinité gréco-romaine très proche de Dionysos

SOURCES
DIODORE
Pierre GRIMAL

♠ 2024: le mythe de Dionysos / Bacchus mérite qu'on s'y attarde.
Vous trouverez une étude plus complète dans mes volumes 23, 109 et 240, lorsqu'ils seront publiés.
(vol.23: *la signification de la mythologie gréco-romaine*, janvier 2015)
(vol.109: *dictionnaire étymologique de la religion gréco-romaine* , juin 2016)
(vol.240: *dictionnaire des dieux et déesses romaines et de leurs épithètes* (juin 2024)
Dionysos fut identifié à Rome au vieux dieu italique appelé *Liber Pater* OU *Lyaeos* (soit « le père de la libération » OU « le Libérateur »).
Cette caractéristique de « libérateur » est commune à de multiples divinités antiques, dont Héraclès et Jésus.
Il est possible que le « vieux » Liber Pater était ainsi dépeint, comme Héraclès OU Ogmios, en raison de l' aspect peu vigoureux des Atlantes dravidiens. Voir la descriptions physique d' Ogmios par Lucien (chapitre III).

Dionysos était dans le ventre de Sémélè quand celle-ci fut foudroyée en s'approchant de Zeus; ce qui explique sa peau noire.
Il fut élevé dans le pays appelé *Nysa*, que les uns situent en Asie, les autres en Ethiopie ou en Afrique... (à rapprocher du *Nêsos*, pays de l' Atlantide ?)

Après avoir établi partout la domination de son culte, il put remonter au ciel.
> il est à l'origine des religions du monde.
> comme Jésus, il remonte au ciel.
> comme Pâris enlevant Hélène, Dionysos enleva Ariane.

> **comme David, il tua le géant Eurytos, d'un coup de thyrse.**
(les informations originales sur Dionysos sont reprises du livre de Grimal)

Samothrace

A ce stade de mes études, je me demande si l' île de Samothrace, au nord de la Mer Egée, ne pourrait pas être le lieu de la fameuse bataille entre un groupe de Grecs et des éléments atlantes. Timée 25c:
« *Athènes ...vainquit les envahisseurs, dressa un trophée...* »
La célèbre *Victoire de Samothrace* (début 2ème siècle av. JC) , censée commémorer une obscure victoire de Démétrios 1er, roi de macédoine (IV-IIIè s.av.JC), pourrait être un renouvellement de ce *trophée.*
Cette hypothèse est surtout étayée par l' analyse philologique du mot *samothrace.*
< skr: vb *sam-ud-I (TB-97)* = se lever ensemble contre; *samudaya* DSF-800 = réunion; *samyat* TB-981= bataille.

Si PLATON raconte des faits historiques, il paraît normal que le lieu de cette bataille légendaire ait fait l' objet de toutes les attentions de la part des Grecs et qu' il soit devenu le symbole de la naissance de la puissance grecque et d' une certaine union. (**note 46**)
A Samothrace, se déroulaient des cérémonies mystiques et initiatiques. (DIODORE, livre III, 55-9)
HERODOTE, l' Enquête, livre II §51: les Pélasges ont introduit à Samothrace les mystères des Cabires. Un texte sacré, qui explique les statues ithyphalliques d' Hermès, est révélé au cours des mystères de Samothrace.
(c'est tout ce qu' on en sait)

note 46: sur l' origine de Samothrace, lire un autre avis DIODORE, livre III, 55-8

de nombreux mythes et divinités grecs sont en rapport avec le mythe atlanto-dravidien:

Apollon ?
Dieu qui cultive la terre (qui sème, qui laboure) (LUCIEN, *Phalaris*, B-8)

Phoronée
« Premier homme des légendes péloponnésiennes...il avait le premier appris aux hommes à se réunir dans ces cités et leur avait montré l' usage du feu. » (Pierre GRIMAL, P 373)
Le feu dans la pensée ancienne est le symbole du perfectionnement, du mouvement vers « le meilleur » .

Deucalion
Fils de Prométhée, le premier homme, il s' agit à peu près de la même histoire que celle de Noé.

Prométhée
Fils de la grande montagne et de l' Océan (exactement le Titan *Japet* et *Asia*, fille d' *Oceanos*), il est le bienfaiteur de l' humanité, ayant volé le feu (de l' intelligence) aux dieux. Il fut puni par Zeus pour n' avoir pas sacrifié convenablement aux dieux.
Sa légende est complexe et son analyse sera certainement riche d' indications, mais elle dépasse le cadre le cadre de mon ouvrage.

⬆ **2024: difficile de ne pas voir l'** *Himalaya* **dans « la grande Montagne » et l'** *Inde***, dans** *Asia***, déesse aquatique.**

Epiméthée
Frère de Prométhée, il est l' homme maladroit, ignorant: symbolisation des autres peuples de la terre.

Pandore
Première femme. « mais Hermès mit dans son coeur le mensonge et la

fourberie. Héphaïstos l' avait façonnée à l' image des déesses immortelles, et Zeus la destinait à la punition de la race humaine...Ce fut le présent que tous les dieux offrirent aux hommes, pour leur malheur. » (Pierre GRIMAL p 344)
Donc version grecque du mythe hébreux et chrétien de Eve, la pécheresse.

Niobé
Fille du premier homme, elle offensa *Lêto*, une des femmes de Zeus, qui se vengea en tuant ses enfants. Il est intéressant de noter que suivant cette légende, seuls deux survécurent dont sa fille Chloris dont la peau blanchit à la suite du massacre... mythe expliquant que l' intelligence des hommes avait survécu chez les peuples européens (et particulièrement grecs).

La narration des mythes de Phoronée, Niobé et Deucalion, forme le préambule à l' histoire de l' Atlantide racontée par le prêtre égyptien à Solon, dans le Timée (22a).

Cette liste de mythes grecs n' est pas exhaustive. Il reste encore beaucoup de travail.

CONCLUSION du chapitre II

L' Illiade et l' Odyssée représentent un texte capital. Pour l' instant, il me semble la seule source qui nous permette de reconstituer la rencontre entre les Atlantes-Dravidiens et les autres peuples. (avec peut-être le mythe de Moïse)

Je résumerai ainsi le scénario qui semble se dessiner:
1- Les Atlantes-Dravidiens enlèvent par la force ou la persuasion des jeunes gens pour les éduquer et leur apprendre la langue védique.
2– Les apprentis druides reviennent chez eux et sont reconnus presque comme des divinités tant ils connaissent de choses (entre autre, prestige incomparable: la maîtrise des mouvements des astres !)
3– Le problème se pose de la conservation et de la transmission du savoir sacré.

4- La transmission et la connaissance sacrées sont réservées à un groupe de prêtres. Elles sont uniquement orales et sont du domaine du mystère.

A noter que l'idée que la mythologie puisse être une source historique n'est pas nouvelle en Grèce. Evhémère, philosophe grec du IV-IIIè s.av.JC, l' a déjà formulée, en considérant que les dieux (du moins certains) sont des rois d' une époque reculée., divinisés par la suite (voir DIODORE, livre III, 57). ◆

Et pour finir, je dirais que cette première analyse générale de la culture grecque n' est qu' un commencement, une oeuvre fondatrice...

chapitre III:

rencontre avec les peuples de l' Europe du nord-ouest (les Celtes)

I- le chaudron de Gundestrup

Chaudron cérémoniel, daté environ du 1er siècle av.JC, trouvé au Danemark.
Ce chaudron décorés de plaques figuratives est considéré comme la principale trace de la religion celte.
Mis à part la divinité, représentée plusieurs fois, qui possède une grande bouche qui avale et dont je parlerai dans ma conclusion; plus de la moitié des scènes peuvent fort bien représenter le récit qu' a pu faire, quelques millénaires auparavant, un homme d' Europe du nord-ouest, relatant son voyage et son apprentissage en Inde.
Les animaux peuvent être une représentation d' éléphants et de panthères indiens.
Le dieu qui tourne la roue est une représentation classique dans la pensée védique.
Le serpent est à mettre en relation avec un culte au cobra royal qui a certainement existé en Inde. (Voir aussi l' Hydre de Lerne d' Héraclès)
D' autre part, Shiva est souvent représenté avec un serpent autour du cou, symbole de la nature brute, à la fois bienfaisante et à la fois effrayante.
L' analyse est à compléter mais on peut dire qu' elle est sur le bon chemin...

II- Esus

Grand dieu celte, son nom signifierait « le meilleur », le maître », « le bon maître » (d' après Julius POKORNY).
Ma propre traduction est « le très bon » (Voir chapitre IV).
Les quelques représentations, que l' on a de lui, le montrent taillant un arbre (autel gallo-romain des *Nautes* à Paris et une stèle gallo-romaine à Trèves).
Son nom et ses représentations font de Esus soit une divinisation du peuple Dravidien, soit une divinisation du premier druide revenant de l' Inde: une sorte de grand-père bénéfique.

III- Héraclès Ogmios

la révélation de LUCIEN

Je vais commencer par la révélation saisissante que nous fait LUCIEN, de Samosate, IIè s. ap JC, dans son commentaire sur Héraclès:
Il décrit le tableau (peinture) qu' un "celte" a peint (probablement un gaulois). *3- Héraclès entraîne après lui une foule nombreuse d' hommes, tous attachés par les oreilles. Les liens sont de minces chaînes faites d'or et d' ambre, semblables aux colliers les plus jolis. Cependant, bien qu'ils soient menés par des liens aussi fragiles, ces hommes ne songent pas à s'enfuir- ils en auraient aisément la possibilité- , et on ne les voit pas du tout résister ni se retenir par les pieds en se renversant en arrière à l' opposé de la traction. Ils suivent gais et joyeux, louant celui qui les emmène; ils s' empressent tous et, dans leur désir de le devancer, ils font que le lien se relâche. On dirait qu'ils seraient fâchés qu' on les détachât. Ce qui me paraît le plus insolite, je n' hésiterai pas à le dire non plus. Le peintre n' avait pas d' endroit où fixer l' extrémité des chaînes, car la main droite tient déjà la massue et la gauche l' arc. Il a percé le bout de la langue du dieu et il les a représentés tirés par elle. Et Héraclès est tourné vers ceux qu' il emmène et il leur sourit.
4- Voilà ce que je regardais immobile pendant un bon moment, étonné, embarrassé, irrité. Mais un Celte, debout à mes côtés, instruit des choses de chez nous, comme il me le montra en parlant avec correction la langue grecque, philosophant à mon avis sur les choses de son pays me dit* (probablement un druide)*: "c'est moi, étranger, qui vais t'expliquer l' énigme du tableau, car tu as l' air fort troublé à son propos. Nous les Celtes nous ne pensons pas, comme vous les grecs, que l' Eloquence soit Hermès, mais nous l' assimilons à Héraclès, car il est beaucoup plus fort qu' Hermès....5- Si donc ce vieillard, Héraclès (surnommé) le Discours (ho logos) entraîne les hommes attachés par les oreilles à sa langue, tu n'as pas lieu de t' étonner vu la parenté des oreilles et de la langue...*

Cette image d' hommes liés par la langue se retrouve aussi sur des pièces ou des médailles trouvées en Gaule.

Cet Héraclès qui unit les hommes heureux par la même langue est l' allégo-

rie représentant les Atlantes enseignant une nouvelle langue perfectionnée à tous les peuples.
En effet, lorsqu' on réfléchit à ce que pouvaient être les langues du néolithique, on peut imaginer une langue très pauvre, uniquement organisée pour exprimer des concepts terre-à-terre.
Les Atlantes, ayant mis au point des techniques de construction de mots et (peut-être) des techniques grammaticales, ont apporté aux peuples néolithiques un bienfait aux nombreuses implications: possibilité de développer une pensée abstraite, une culture religieuse beaucoup plus riche, un mode d' expression "divin": la poésie, le chant, etc...

Héraclès, comme les Atlantes, a parcouru (au moins) l' Europe et le Proche-Orient

LUCIEN, *Héraclès-2-* : « *...jadis Héraclès a attaqué leur pays (le pays des Celtes) ... quand dans sa quête des troupeaux de Géryon il parcourait la plus grande partie des nations du couchant* (= l' Europe).

Héraclès Ogmios

En pays celte, Héraclès est appelé *Ogmios*, en référence à son rôle de guide des peuples par la transmission d' une langue commune.
XD (p 238) traduit *Ogmios* par "conducteur" en se basant sur une supposée racine *ogmos = chemin, orbite; j' accréditerais cette thèse de "conducteur, guide", en me référant au sens de "chemin, orbite, sillon" du sanskrit *ajmah* et du grec *ogmos*.

⬆ **2024: en complément au sens de « guide », il est nécessaire de mentionner la racine sanskrite VACH = le langage (< *uakya).**
uach-mi > ogj-mi   > ogh-mi.
En Irlande, le premier langage écrit antique fut appelé « ogham », d'après le nom de l' inventeur mythique de cette écriture (Larousse).

53

III- les druides

L' étymologie du mot *druide* présente deux volets (**note 54**):

1– Comme je l' ai dit dans le premier chapitre, il est indéniable que *dra-uid a signifié quelque chose comme « *experts en rayons* » , en langue ancienne. Donc nous avons là une fonction de grand prestige des prêtres et druides durant une grande partie de l ' Histoire, dans toutes les civilisations.

2– Mais dans le même paradigme d' une racine védique *DRI qui a donné *dra-uid, il existe un sens dérivé de rayon, mouvement astral: celui de « permanence, conservation ». Voir skr: *dridha* TB-411 = ferme, solide; *dhruva* DSF-346 = immuable, invariable; vb *DHRI* TB-445, DSF-344 = maintenir, porter en soi
La finale en –id pouvant être également un intensifiant bien connu en sanskrit.

↓ **2024: druide = homme (dr == ndar == ntar == skr:** *nara*) **savant (uid)**

Nous avons ici l' explication du long apprentissage druidique, ainsi que le dédain envers l' écrit.
Les druides transmettaient ce qu' un lointain ancêtre avait ramené de son voyage en Inde: une connaissance poussée de la nature (entre autres, des phénomènes astronomiques) et une merveilleuse langue rituelle.
Comme dans la religion védique, dans la religion gauloise, la langue était un instrument de communication avec les dieux. « *la parole n' est pas seulement un son, elle contient une puissance invisible d' incitation, modèle idéal de toute- puissance et instrument donné à l' homme d' une partie de cette puissance.* » (Jean FILLIOZAT, *les philosophies de l' Inde*, p 10) ▲

---

note 54: je pense qu' il faut s' habituer en philologie à un polysémisme homophonique, bien dérangeant pour nous, héritiers d' un XIXè siècle scientifique, où l' on s' est efforcé de donner un nom précis pour chaque chose.

Les druides de Gaule ont probablement été ceux qui ont conservé le mieux cette langue. La recherche de la filiation entre *langue védique* et *français* n' en est qu' à son commencement, mais les premières études sont époustouflantes.

On peut en prendre connaissance dans le troisième volume de mes études, ainsi que sur mon site où j' ai lancé l' opération *un jour, un mot* afin de montrer cette filiation évidente. **(note 55)**

Je pense qu' une étude syncrétique des grands prêtres des religions indo-européennes mettraient en évidence de nombreux points communs, car toutes les religions sont issues de la pensée védique. « *Le brahman* (le prêtre) ...*est le détenteur de la Parole souveraine ou du mot de l' énigme, le savoir védique s' exprimant volontiers précisément sous forme d' énigme.* » (Jean FILLIOZAT, *les philosophies de l' Inde*, p 11)

Cependant, les religions celtes ne s' expliquent pas entièrement ainsi. D' autres aspects religieux ont été mis en évidence, principalement par l' archéologie. J' ai exposé ce volet dans le premier volume de mon étude.

IV- Décodage de tous les mythes celtes

Je pense que nous trouverons l' explication de tous les mythes celtes, bien que leurs versions, dans les langues néo-celtiques, soient tardives (milieu et fin du Moyen Age).

Mais il ne faut pas croire que l' on peut décrypter un mythe avec quelques idées. Je l' ai déjà montré et il faut que vous en ayez bien conscience: décoder un mythe est avant tout effectuer une analyse philologique de ce mythe. Et comme, d' autre part, nous ne connaissons quasiment pas les langues anciennes antérieures au XIIè s, hormis principalement le grec, le la-

---

note 55: mon site www.langue-et-histoire.com

tin, le sanskrit et l' iranien ancien, nous ne pouvons avancer qu ' en défrichant au fur et à mesure.

⬇ **il est absolument indispensable de mentionner le gotique de l' Antiquité, assez bien connu par les textes d' Ulfila (IVè s).**

Ainsi, **Manannan**, demi-dieu de la culture gaélique est le prototype même du premier druide, revenu de l' Inde plusieurs millénaires plus tôt. « Aonghus raconta: j' ai fait un tour du monde en compagnie de Manannan et nous sommes allés au-delà des colonnes d' or à l' orient [du monde]. Nous sommes ainsi arrivés jusqu' en Inde où nous avons pu faire une acquisition merveilleuse, telle que nous n'avions rien vu de pareil jusque là: deux vaches à cornes torses, l' une pie et l' autre brune, donnant constamment du lait ainsi que deux hanaps en or et deux licols en soie. » (L. DUNCAN, *Altram Tige Da Medar*, dans *Eriu*, 1932, XI, pp 184-225) ♠
Je réserve l' analyse philologique de ce mythe pour une prochaine étude, mais, de plus, lorsque l' on sait que *Manannan* était renommé pour sa science du ciel, les conclusions sont évidentes...

Taliesin, le Grand Sage Primordiale des mythes gallois (XVIè s), que des interprétations linguistiques en ont fait un « Front d' Acier » ou un « Front Brillant », est en fait dérivé du nom de brahmane *jalajâsana* (TB-92) > *taljasan ; dont la signification sanskrite est « qui se tient (assis) dans le lotus » le lotus étant le symbole indien de la lumière de la connaissance.

♠ **la correspondance *jalajâsana* > *taljasan mériterait des explications. Pour faire bref, je mentionnerai l' équivalence des deux éléments agentifs *ya* (== ja) ET *atta*...**

L' Autre Monde Ultramarin, l' île d' Avalon des mythes celtes est une résurgence de l' ancienne civilisation indienne.

le **Taureau aux trois grues** (*Taruos Trigaranus*) (**note 57**) représenté, par exemple, sur l' autel gallo-romain des Nautes, à Paris, est un symbole typiquement hindou. Les trois grues sont le symbole des fameuses « *tri gunah* » de la religion védique (= les trois *vertus*).
Je reviendrai sur la signification du taureau dans un prochain ouvrage.

Sources mythologies celtes: C.STERCKX, J-P. PERSIGOUT , J. DE VRIES, etc...

♠ **2024: la philologie, depuis, a traduit *trigaranus* par « le Très Bon / le Miséricordieux », ce qui confirme le rapprochement *trigaranus* ET *tri gunah* =les Trois Vertus, en sanskrit (skr: *tiraḥ* = par-dessus; *gunaḥ* = vertu, qualité)**
Voir étude n° 153 (vol.181).

Il existe un conte du XXè s. qui est peut-être un mythe: *le Seigneur des Anneaux* (1954-55) de J.R.R. TOLKIEN. Le symbolisme de la force noire du *Mordor* a déjà été pointée comme symbolisant les nazis, et les *hobbits*, de braves anglais qui aiment avant tout boire leur thé, les pieds dans des chaussons (la trame du livre a sans doute été créée durant la guerre) et TOLKIEN était un philologue distingué, professeur à Oxford.
A mon avis, son ouvrage pourra être appelé « un mythe » , lorsqu' on aura montré qu' une grande partie des mots et des noms de personne utilisés sont codés, c' est-à-dire qu' ils sont destinés à donner des informations et à symboliser quelque chose. Voici la définition d' un mythe.

V– toute l' anthroponymie celte est influencée par l' anthroponymie indienne

Je prendrai seulement les quatre anthroponymes sanskrits: *Apratiratha*

note 57: voir, par exemple, l' article de Georges CHARRIERE dans la revue de l' Histoire des religions, tome 169 n°2, 1966, pp 155-192.

(TB-36), *Aprativîrya* (TB-36), *Ekaratha* (DSF-165) et *Uchchhettri* (TB-109).

Apratiratha signifie « un chef dans le combat » (TB-36), son étymologie est *ratha* = qui emmène (voir *ratha* = un char) + *aparanti* = aux limites extrêmes OU plutôt *â-prati = vers l' avant.(**note 58-1**)
En gaulois, *aprati* a été transcrit par **apredi,* tandis que *ratha* a donné **rith.* Ce dernier terme qui a donné la finale de nombreux noms de chef gaulois en *–rix* , se retrouve dans le mot arabo-égyptien *raïs* = chef , et également dans *la drisse* en marine qui est le filin qui tire la voile en haut du mat, il a également participé à l' établissement du mot *rex* = roi, en latin.
>> *apredo-rith > *Eporedorix*, nom de chef gaulois bien connu , analysé par Xavier DELAMARRE comme « roi des cavaliers ».
Ce n'est pas tout, car comme la plupart des noms gaulois, cet anthroponyme de chef prestigieux s' est transmis sous cette forme au Haut Moyen Age:
> *apredorith > predorix > *Fredericus* , all: *Friedrich,* etc...
(analysé habituellement comme « riche en joie »)

Aprativîrya signifie « d' une force irrésistible ». Son adaptation en gaulois a donné > *apreti-uirio > *preti-uirios > *vreto-uirios > *Uoretouirius*, nom de guerrier gaulois bien connu , analysé par Xavier DELAMARRE comme « homme de secours ». (**note 58-2**)

note 58-1: je pense que la traduction du DSF est inexact.

note 58-2 = si vous vous étonnez des différences d' analyse philologique, veuillez réfléchir aux méthodes des celtologues depuis plus d' un siècle: j' analyse les mots gaulois en utilisant les langues néo-celtiques utilisées plus de mille ans après ! Imaginez quels ont pu être les glissements de sens et de phonétique de ces langues pendant plus de mille ans, subissant les influences latines, germaniques, scandinaves et chrétiennes.
Il est vrai que les celtologues se sont raccrochés à ce qu' ils pouvaient...

Son adaptation altomédiévale en Europe nord-occidentale fut peut-être *Fredegarius* (*Frédégaire*), mais en Europe de l'est, il est presque certain qu'elle fut *Vladimir* < *platimiri < *prati-uiria.
Il est d'ailleurs intéressant de noter qu'une ville de Russie porte ce nom, donc: une forteresse irrésistible.

Ekaratha signifie « guerrier éminent », plus exactement *chef* (*ratha*) unique, éminent (*eka*) ou « qui emmène bien ».
Il y a sans doute eu plusieurs adaptations différentes en gaulois. Celle qui me paraît la plus évidente est: *Crixus , Kriksksos*. D'autant que les adaptations latines sont proches: *Crassus, Gracchus,* etc... L'adaptation médiévale est probablement *Gratien* etc... Le NP gallois: *Gareth.*
Pour les sceptiques, je donnerai une évolution phonétique proche skr: *ekarasa* DSF-165 = seul plaisir, grand plaisir > FR: *faire la grâce de* = faire votre seul plaisir; également probablement FR: *caresse.*
Il est intéressant de noter également la correspondance que les gaulois établissaient entre les grands guerriers, les chefs et le corbeau dont un des noms fut certainement *crax OU *corax. (voir lat: *corax* = corbeau)
D'autre part, je propose de voir dans le lat: *corax* qui est le nom également d'une machine de guerre munie d'un crochet, une transcription d'un skr: *ekaratha* = qui tire bien.
Le FR: *carosse* pourrait également avoir une origine *ekaratha* = char éminent

Uchchhettri signifie « le destructeur » du vb *ucCHID* DSF-135 = enlever en coupant (au ras du sol) > exterminer.
Son adaptation en gaulois a donné le nom de guerrier *Orgetorix* < *urghettri.
Xavier DELAMARRE a analysé l'élément *orgeto* comme signifiant « tueur », qui n'est donc pas loin.

♠ **2024: la plupart de mes analyses linguistiques ci-dessus sont justes. Elles nécessiteraient évidemment un peu plus d'explications. Rétrospectivement, je suis surpris de la qualité de mes analyses philologiques de l'époque, alors que je commençais tout juste...**
En 2012, je pensais que des lecteurs réclameraient des explications...
Las ! je n'étais pas conscient que seulement *sortir des explications académiques* **suffisait à me rendre infréquentable... que ce soit aussi bien**

par les professionnels que par le grand public, c'est-à-dire les ovins.

En 2024, ces significations d'anthroponymes, ne peuvent qu' être appelées des « connotations », car les noms d'hommes sont toujours les « continuations » de noms plus anciens, dont les contemporains ont perdu le sens ainsi que leur mode de construction.

VI- les traces ont été méthodiquement effacées

Il sera essentiel de réexaminer l' Histoire , l' Archéologie et la Philologie sous un jour nouveau, car nous ne trouverons que des bribes de vérité: ce que la religion chrétienne n' a pu effacer.
Interrogeons-nous par exemple sur cette statue mutilée retrouvée dans un sanctuaire pré-gallo-romain à Roquepertuse (Bouches-du-Rhône). Sa position en tailleur et le style, ce qu' il en reste, fait inévitablement penser aux styles indien et bouddhique.
Toujours à Roquepertuse, on trouve des exemples de coutumes gauloises bien mises en évidence, mais non expliquées: ce que Claude STERCKX appelle *la chasse aux têtes* (p 341).
Pourtant dans la religion hindoue, les crânes ont un rôle en rapport avec Shiva, que l' on nomme parfois *Shiva au collier de crânes* (Alain DANIELOU p 295).

Le fameux culte de Mithra dans l' Empire romain, demanderait également une étude syncrétique et philologique qui n' a pas dû être faite car dans ce cas, d' autres auraient certainement suivi la piste que j' ai suivie dans le chapitre VII.
skr: *Mittra* TB-706 = nom védique du dieu solaire; *maitra* TB-726 = amical.

chapitre IV

rencontres avec d' autres peuples

I– les Dravidiens rencontrent les peuples de la Mésopotamie

De nombreux passages des textes mésopotamiens font référence à un peuple exterminé par une catastrophe conjuguant déluge et raz-de-marée. Ils parlent aussi des Sept Sages venus apporter la civilisation. Malheureusement ces textes sont difficilement compréhensibles, en raison, entre autres, de la difficulté à traduire la langue cunéiforme et de leur mysticisme.
J'ai cherché quelques passages représentatifs dans l' ouvrage de Jean BOTTERO et Samuel Noah KRAMER, *Lorsque les dieux faisaient l' homme*, mais il me paraît plutôt nécessaire de faire appel à des auteurs qui ont résumé cette mythologie.
Il en existe un, Bérose, prêtre babylonien du IIIè siècle av.JC., qui écrivit une histoire de son pays, dans les *Babyloniaca*. Des fragments ont survécu jusqu' à nous. *"Bérose y raconte qu' à l' origine les habitant de la Babylonie vivaient sans loi, tout comme les animaux sauvages. Mais voici qu' un être étrange mi-homme, mi-poisson, nommé* **Oannès**, *était sorti de la mer Erythrée (le Golfe Persique)...il leur apporta la connaissance des lettres, des sciences et de toutes sortes de techniques. Il leur apprit aussi à fonder des cités, établir des temples, promulguer des lois et mesurer les terrains. Il leur révéla également l' agriculture et la cueillette des fruits et, en général, donna aux hommes tout ce qui est lié à la vie civilisée."* (extrait de Georges ROUX: *initiation à l' Orient ancien*, ouvrage collectif, Paris, éd SEUIL, Coll. POINTS,1992, p 42)

⬆**2024: il semble bien que tous les mythes antiques soient inextricablement mêlés: en tenant compte de l' ancienne phonétique, Oannès == ioannes / iohannes = divers personnages mythiques, dont saint Jean-Baptiste... dans la tradition chrétienne, il était un précurseur (avatar) de Jésus.**

Il est édifiant de remarquer, qu' une fois de plus, les techniques, la lan-

gue, bref la civilisation, viennent de l' étranger. Pour quelle raison, presque tous les peuples de l' Antiquité auraient-ils prétexté une origine exogène ? - jusqu' aux Romains eux-mêmes se réclamant d' Enée, venu de l' est !- si ce n' est le prestige qui accompagna l' intrusion des Atlantes dans les différentes contrées qu' ils visitèrent (ou attaquèrent ?), qui en firent des "parents" de qualité.
(voir Jean BOTTERO, *la plus vieille religion, en Mésopotamie*, p 36)

D' autre part, il est évident qu' une grande partie de *l' épopée de Gilgamesh* se rattache au mythe d' hommes qui apportent la civilisation aux hommes primitifs et incultes (appelés *Enkidu*). Une analyse plus précise demanderait un ouvrage entier.

II- rencontre avec les Egyptiens

N' étant pas connaisseur de la civilisation égyptienne, je me contenterai de quelques bribes saisies ici et là.
"Osiris était le roi de la terre, un roi aimé, qui avait enseigné aux hommes l' agriculture et les arts..."
(d' après les inscriptions des pyramides de la Vème dynastie, Claire LALOUETTE, 2004, p 37).

⬆ **2024: Osiris était le dieu des morts... sa couleur est donc le noir.
Dans les mythes égyptiens, Osiris est un dieu « sauveur », qui est mort et a ressuscité pour donner la survie dans l' au-delà** (*in* Larousse).

Dans d' autres versions (? PLUTARQUE, I-IIè s ap.JC), Osiris est venu de l' Inde monté sur son taureau (le véhicule de Shiva). (voir DANIELOU p 7)
DIODORE (Livre III,2-3) rapporte que les Egyptiens ont gardé les coutumes des *aithiopas* (Dravidiens).
Il rapporte aussi que Dionysos enseigna aux Egyptiens l' agriculture (livre III, §73).

III– rencontre avec les Hébreux

Je n' ai pas terminé de décoder les textes hébreux, mais dès à présent, trois mythes hébreux nous intéressent particulièrement:

Le mythe de Noë et du Déluge
Le personnage de Noë collectionnant les êtres vivants de la terre, rappelle les hypothèses d' eugénisme et de croisements génétiques certainement pratiqués par les Atlantes-Dravidiens. (au regard, entre autres, des innovations apportées à l'agriculture)
Le Déluge étant le cataclysme détruisant la Première Civilisation.

Le mythe de Moïse
Moïse, emmené par l' eau vers un apprentissage dans la haute classe égyptienne rappel bien le mythe d' Ulysse, enlevé, encore petit, à son peuple.
Son retour parmi les siens en tant que « guide et grand prêtre » est également tout à fait parlant.
L' ouverture de la Mer Rouge et la destruction de l' armée du pharaon rappelle étrangement la destruction de l' armée atlante racontée par SOLON chez PLATON.
Timée 25d: Après la victoire des Grecs sur les Atlantes... « *Mais dans le temps qui suivit, se produisirent de violents tremblements de terre et des déluges. En espace d' un seul jour et d' une seule nuit funestes, toute votre armée* (? l' armée grecque ?) *fut engloutie d' un seul coup sous la terre, et l' île Atlantide* (la plaine) *s' enfonça pareillement sous la terre.* »

la tour de Babel

Les hommes parlaient la même langue au début avant qu 'ils ne soient dispersés. Il s' agit bien évidemment de la langue védique.

le peuple élu

Comme quelques autres peuples, les hébreux ont la particularité de revendiquer la filiation du peuple Atlanto-Dravidiens. Tout l' art des mythographes hébreux fut de construire une histoire pouvant mettre en scène leur peuple comme héritier de l' ancienne brillante civilisation. Lui donnant même une aura de peuple martyr comme leurs supposés ancêtres le furent, eux, réellement.
Le cadre géographique de la Bible, hors de la Palestine, est probablement un tissu de mensonges.

le mythe de David

Dans les récits mythiques ou historiques antiques, on peut lire l' histoire d'hommes qui compensent leur petite taille par leur science dans les armes et dans les techniques de jet.
Une fois de plus, toutes les pièces s'emboîtent: les Dravidiens sont de stature fluette.

Il y a un autre mythe qui met en scène un homme petit luttant contre un autre plus grand. Le mythe biblique de David contre Goliath est directement inspiré du mythe des Dravidiens luttant contre leurs voisins plus grands et plus forts qu'eux physiquement (les Aryens, peut-être).
Le nom David trouve son étymologie dans *dra-wid = connaisseur des rayons ...et du tir.
La racine DRI est à l' origine des concepts de « (d)rayon », de « droit » et de « tir » (< *dri, par métathèse).

⬆ 2024: dra-wid = homme savant

Que ce mythe se retrouve aux origines du peuple hébreux est tout à fait significatif du prestige accordé aux Dravidiens depuis le néolithique. Les peuples se sont tous posés comme héritiers de la "merveilleuse" race des surhommes.

SOURCES: *la Bible*

IV- les Dravidiens rencontrent les peuples d'Italie

Saturnus

Très ancien dieu italique, passant pour être venu de l' est.
Jupiter le détrôna et le précipita du haut de l' Olympe (= le cataclysme).
Il fonda un village à l' emplacement de Rome. Saturne continua l' oeuvre de civilisation et enseigna notamment aux hommes la culture de la terre, les premières lois, etc...
On le représentait armé d' une faucille et d' une serpe (Voir Esus).
Cette divinité évoque le premier druide, qui revint enseigner à son peuple ce qu' il avait appris en Inde.

Dionysos, Bacchus et Liber Pater

Ces trois divinités romaines sont confondues en une seule à Rome (Pierre GRIMAL p 126): dieu de la vigne et du délire mystique.
Divinité née de la cuisse de Jupiter: homophonie *ho mêros* = la cuisse >< vb *mélw* = je prends soin, je favorise >> favorisé par Jupiter. (voir chapitre II)
Diodore nous dit aussi que la cuisse de Jupiter viendrait de *Mêros*, nom d' une région de l' Inde (livre II, §38-4).
Meru en sanskrit est le nom d' une fabuleuse montagne (TB-725) que l' on doit probablement situer dans l' Himalaya.
L' étymologie de *meru* est probablement *meha* = qui fait l'eau (TB-726) >> l' endroit où naissent l' Indus et le Gange ?

Hercule
Voir l' Héraclès grec et gaulois.

l' Enéide
Comme l' Illiade et l' Odyssée, il s' agit probablement toujours du même mythe. Il reste à décoder...

SOURCES de la mythologie: Pierre GRIMAL

V– coutumes rappelant l' apprentissage des jeunes druides ?

Plusieurs coutumes dans différentes cultures me font m'interroger:

L' apprentissage, l' adoption, l' action de confier un enfant à des parents ou des étrangers, particulièrement mis en évidence dans la civilisation romaine.
L' adoption est une pratique très courante chez les Romains et probablement chez de nombreux peuples antiques.
Parallèlement à l' adoption, ce qu' on a pris pour la remise de jeunes otages, souvent jeunes princes barbares confiés à Rome, pourrait n' être, du moins en partie, qu' une survivance du mythe d' un bénéfique apprentissage au loin par des étrangers.
Comme je l' ai dit, les exemples romains sont nombreux: Arminius, jeune prince des Germains Chérusques en est un.

Par ailleurs, une coutume voisine de celle des « jeunes otages » est celle

de l' avunculat et du fosterage. (**note 69**)
Il y a résolument dans les liens de parenté indo-européens une influence des premiers rapports avec la civilisation atlanto-dravidienne.
L' oncle maternel possède probablement un sens caché.
Par exemple, ce n' est pas anodin si, dans l' *Illiade*, Apollon apparaît à Hector, pour le stimuler au moment où il faiblit, sous les traits de son oncle maternel (*mêtrws*).
J' ai commencé à décrypter ce lien familial dans *les énigmes d' Homère*, mais le travail n' est pas encore achevé.

note 69: l' **avunculat** est une coutume indo-européenne consistant à faire élever un enfant par le frère de la mère (l'oncle maternel, *auunculus* en latin), ce qui revient à le faire élever loin de chez lui, dans une famille « par alliance ».
Le **fosterage**, provient de l' expression anglo-saxonne *a foster father* ou *a foster mother*, qui désigne une personne de la famille (ou même un étranger) qui veille sur un enfant et l' éduque pendant un certain temps, loin de chez lui.
Sur les liens de parenté, lire: BENVENISTE, *le vocabulaire des institution indo-europénnes*, volume 1, particulièrement le livre 2, *vocabulaire de la parenté*, pp 230-231; étude essentiellement philologique très bien documentée et brillante, mais évidemment pas définitive sur le sujet. La linguistique, comme l' Histoire, n' est pas une science exacte !

chapitre V:

le cataclysme

la disparition de la civilisation atlanto-dravidienne

PLATON dans le Critias -108e: « *cette île, nous l' avons déclaré, était alors plus grande que que la Libye et l' Asie mises ensemble; mais aujourd'hui, après s' être enfoncée dans la mer à la suite de tremblements de terre, il n' en reste plus qu 'un haut-fond vaseux impraticable pour les gens d' ici qui cinglent vers la haute mer...* »
Il y a confusion de l' Inde-continent avec la plaine, berceau de la civilisation atlante. Le nord de cette plaine, autour de la péninsule de Kâthiâwâr, a certainement connu des modifications géomorphologiques importantes.
Les énormes quantités de sédiments alentours, dues à la probable appartenance de cette région au système sédimentaire du delta de l' Indus peuvent expliquer les mots de Platon.
Par ailleurs, je me demande dans quelle mesure la fin de la phrase de Platon ne pourrait pas être traduite par: *un haut-fond vaseux impraticable pour qui veut aller de la côte vers la haute mer.*

l' expulsion du Jardin d' Eden et le déluge bibliques

Nous retrouvons la punition d' un dieu suprême à la limite de l ' injustice. La faute d' Adam et Eve n' est pas explicite.
«*L' Eternel Dieu dit: voilà que l' homme est devenu comme l' un de nous pour la connaissance du bien et du mal ...* » (la Genèse 3-22). L' idée qui sous-tend l' histoire est peut-être la trop grande connaissance acquise par les Atlantes-Dravidiens.
A force de manier une haute pensée, se sont-ils pris pour des dieux ? Ils ont mangé le fruit de l' arbre de vie (la Genèse,3-22) c'est-à-dire, peut-être, le fruit de l' arbre de la connaissance.
La vie (skr: *vidhi*) rejoint l' idée de la connaissance (skr: *buddhi*).
Le déluge est une autre version du cataclysme (voir le mythe de Noé et du Déluge au 4ème chapitre).

les dangers de la parole

Cette idée des dangers de la connaissance est reprise dans l'Evangile selon Jacques: « *Mais aucun homme n'a jamais pu dompter la langue: elle est mauvaise et sans cesse en mouvement, elle est pleine d'un poison mortel. Nous l'utilisons pour remercier le Seigneur, mais aussi pour maudire les hommes que Dieu a créés à sa ressemblance.* »

punis par Zeus

A la fin du *Critias* de PLATON, le motif de la punition est entrevu:
« *Zeus comprit ...à quel point de dépravation en était venue une race excellente, et il voulut leur appliquer un châtiment afin de les faire réfléchir et de les ramener à plus de modération.* »
Nous n'avons malheureusement pas la fin du *Critias*...

le cataclysme de Deucalion

Deucalion est le fils de Prométhée, le premier homme. « Lorsque Zeus, jugeant que les hommes de l'âge de bronze étaient une race perdue de vices, voulut les détruire, il décida d'envoyer au monde un grand déluge pour noyer tous les hommes. » (Pierre GRIMAL). Ensuite le mythe est le même que celui de Noé-Deucalion.

SOURCES:
DIODORE
Pierre GRIMAL

Le cataclysme destructeur de la civilisation atlanto-dravidienne préfigure une future catastrophe, qui sera un nouveau jugement des dieux, comme ils ont jugé et condamné, par le passé, la décadence de cette civilisation pourtant exemplaire à son début...

Thème de l' *Apocalypse* que l' on retrouve partout.

SOURCES sur le cataclysme:
- la Bible
- Platon
- Diodore
- l' Evangile selon Jacques
-la légende celte d' Ys

CONCLUSION du chapitre V

Ce cataclysme, comme je l' ai dit plus haut, devrait permettre de dater la fin de la civilisation des Atlantes-Dravidiens. Les géomorphologues (ou peut-être des archéologues) devraient arriver à repérer dans le temps un puissant raz de marée sur la côte occidentale de l' Inde.

chapitre VI

une secte puissante

une multitude d' écoles et de mouvements religieux perpétuent la pensée védique

Parmi ces mouvements religieux, trois sont particulièrement connus: le bouddhisme, le christianisme et l' Islam.
Il y a environ 2000 ans, un groupe de religieux a probablement développé de nouveaux mythes et de nouveaux rites. La région d' origine de ces hommes était probablement le Proche-Orient (y compris la Grèce et l' Egypte).
Plusieurs sources font état d' une secte à tendance ascétique présente en Palestine au tout début de notre ère: les Esséniens.
Comme pour la plupart des pensées religieuses, la langue fut le ferment qui fit « bouillonner » l' esprit de ces hommes (et de ces femmes ?).

La secte des Chrétiens ne fut qu' une des très nombreuses émanations de la religion védique.
En Inde même, la pensée religieuse a évolué, comme dans le monde entier, en référence au peuple bienfaisant des Atlantes-Dravidiens. « *Dans le domaine religieux, tout en gardant leur révérence pour le Veda, les fidèles ont subordonné les dieux de la nature à un Etre suprême sauveur.* » (Jean FILLIOZAT, *les philosophies de l' Inde*, p 51)

les Evangiles

Tout d' abord, ils racontèrent un mythe dans des récits que l' on nomma *les Evangiles*.

Tout imprégnés des mythes en cours dans cette région du monde, ils racontèrent l' histoire du peuple bienfaiteur des Dravidiens.
Comme tous les mythes relatifs aux Dravidiens, ils les firent naître du mariage de l' *eau* (océan et rivières) et de la *montagne* (les montagnes qui bordent la plaine de la côte occidentale et l' Himalaya plus au nord).
Il naquit donc de *Mari* du skr: *vâri* DSF-640 =l' eau. Les mutations phonétiques font du « *m* » une lettre proche du « *v* ». La racine MAR est présente dans FR: *mer, mare, marais* etc...; lat: *mare* = la mer.

L' élément masculin fut appelé *Joseph*, car dans l' ancienne langue il signifie « *très haut* » < *jo-sip ; avec *sip ==sup = très haut; voir par exemple lat: *super* = au-dessus, etc...
Logiquement, on lui attribua la profession de *charpentier*: celui qui est en haut.
A rapprocher du mythe grec de Prométhée, le premier homme, fils du Titan *Japet* (Joseph) et de *Asia*, fille d' Océan.

Le peuple Dravidien, lui-même, reçut le nom tout simplement de « *très bon* » comme le monde entier avait appris à le qualifier depuis des millénaires. Voir, par exemple, la divinité gauloise *Esus*.
Avec l' accent de cette région du monde, cela donna *Jésus* = le très bon.
Jésus, le très bon, accomplit de nombreuses actions merveilleuses, comme avant lui Héraclès, Dionysos, etc...

♠ **2024: la divinité du pilier des Nautes, dans le sanctuaire gaulois trouvé sous la cathédrale Notre-Dame de Paris, s' appelle *Taruos Tri Garanus*.**
Evidemment, quand on ne connaît pas les langues disparues, l' Histoire est impossible à reconstituer...
C'est le sens de mon travail depuis quinze ans... envers et contre tous... c'est pourtant la première action à effectuer si l'on s'intéresse à l'Histoire. Apparemment, cela ne paraît évident qu' à ma propre personne, car on peut aussi, si l'on n'a pas d'honnêteté intellectuelle, faire semblant de tout connaître du moment que l'on ânonne seulement ce qui est pensé par la caste académique depuis des siècles...
Où est l' Homme dans cette médiocrité ?

Donc, *Taruos Tri Garanus* signifie « le Sauveur très charitable », c'est-à-dire un précurseur de Jésus.
Taruos **est un étymon gaulois de l' ancFR: *sauvé* = qui sauve (causatif de *sauvoir* = sauver).**
La désinence agentive –*os* est classique en gaulois.
***taru* ==** ***salu*, car *atta* > *s* ET *r* == *rl* .**

tri est un étymon gaulois de l' ancC: *tri* = très, et de l' ancFR: *tres* = très.
garanus est un étymon gaulois de l' ancFR: *charitos* = charitable car l' alternance des dentales fait que *garan* == *garant*; étymon que l' on peut observer aussi dans le skr: *karuṇa* = charitable, ainsi que dans le gallois: *graen* = brillant, excellent.
latin médiéval: *caritas* = charité, amour du prochain.
garan-us permet aussi de mieux comprendre le théonyme récurrent du monde gaulois: *Grannus*, que l' on peut appeler l' Apollon gaulois. Voir mon volume 181.

la multiplication des pains

Quand Jésus veut donner à manger à tous, il s' agit clairement de la mission que s' étaient, semble-t-il, donnée les Dravidiens. Leurs techniques agricoles ont permis de multiplier la quantité et la qualité de la nourriture.

la pêche miraculeuse

Il montre comment prendre beaucoup de poissons aux autres peuples, et quand il dit à *Simon Pierre* (*Evangile selon LUC*) « *dès maintenant ce sont des hommes que tu prendras* » (avec ta barque et ton filet), peut-être fait-il allusion au *fosterage*.

Je n' ai pas ici la place et le temps d' analyser complètement les *Evangiles*; ce sera fait dans un prochain ouvrage.

le cataclysme

Reprenant le thème, déjà plusieurs fois évoqué, d' une punition presque inexplicable, et en tous cas injuste, infligée par les dieux, les mythographes chrétiens décrivirent sa mise à mort sur la Croix.
Dans ce choix de mise à mort, je pense que' il faut y voir l' homophonie

de *crux* avec les racines indo-européennes issues du sanskrit:
1- *krîdâ* DSF-213 = jeu, amusement. L' anéantissement du peuple des Dravidiens serait dû à un amusement des dieux. Idée bien en accord avec la vision que les peuples anciens avaient de l' activité divine et de la condition humaine changeante et dépendante d' un coup de dés.
Cette idée justifie la colère, souvent évoquée, des chrétiens contre les multiples idoles représentant les dizaines de divinités.
2– *krûra* DSF-213 = cruel, effroyable > gaul: *croudio* = dur, cruel, mauvais (XD-130) > angl: *crude* = brut, vulgaire; FR: cruel
3– vb *RUDH* TB-773 = envelopper, protéger > même disparu, ce peuple continue à nous protéger.

La montée au Mont Golgotha et l' Ascension
< *rûdha* DSF-608 = monté, gravi < homophone de *crux*

⬆ **ces jeux de mots nécessiteraient de plus amples explications, mais ils ont probablement servi à élaborer ces mythes, et bien d'autres, qu'ils soient de l' Inde, de la Grèce, d' Italie, ou d'ailleurs...**

transformation de l' eau en vin

Comme Dionysos-Bacchus, Esus et les autres, c'est lui qui mit au point la vinification.

⬆ **la vinification possède un rôle symbolique dans la renaissance. Voir son usage lors de la messe chrétienne. L' origine se trouve dans les croyances anciennes de l' Inde.**

la venue de l' Esprit Saint à la Pentecôte
Dans les Actes des Apôtres (-2), l' Esprit Saint qui fait parler la même langue tous les hommes de la terre est clairement la révélation d' une langue unique originelle.
D' autant plus, que j' analyse philologiquement *Pentecôte* comme signifiant « le grand lien ».

LES RITES ET LES CROYANCES

Le baptême chrétien

En sanskrit, le verbe *GâH* (TB-263) = entrer, pénétrer ET se baigner. *gâhite* = il se baigne.
Le mot lui-même de *baptême* est issu de *gâhime* = j' entre , je me baigne.
Le traitement du "g" en "b" est courant même à l ' intérieur de l' évolution du sanskrit; mais aussi dans l' adaptation européenne de la langue indienne (skr: g*o* = lat: *bos* = vache) >> *bahime = j' entre , je me baigne
Le rite d' entrée dans la communauté des chrétiens a donc une origine homophonique.
A noter le paradigme en FR: *bain, balnéaire* etc...

⬆ **2024: en 2012, je considérais, comme les autres linguistes, que ces phénomènes (g == b !) ne nécessitaient pas d'explications.**
Il faut rappeler que les linguistes, dans le cas d'un phénomène inexplicable, font appel à un argument très pratique: « il s'agit de la loi de X ». Ce qui ne veut rien dire, mais cela fait paraître intelligent.
Il existe une multitude d'exemples de cette manière d'évacuer tout problème épineux. Au lieu de dire: « un phénomène inexplicable », les académiques disent « c'est la loi de X », circulez, il n' y a rien à voir...
A l' époque, je considérais qu' il n' y avait pas de raison d' avoir un comportement différent des linguistes académiques.
Sauf...évidemment...que je ne faisais pas partie de leur caste, et que par conséquent, je n' avais pas le droit d'utiliser les mêmes subterfuges...
Heureusement, par mon travail acharné, j' ai réussi à percer certains « mystères »:
Si le skr: *gâhime* (je me baigne / j'entre) peut être synonyme de
***bahime*, c'est parce que certaines langues (issues de la langue védique) possèdent plusieurs éléments exprimant le sens « à l'intérieur / vers le bas » :**
-un phonème guttural: *gw / aua*.
- un phonème labial plosif (à l'origine occlusif): *mb / mp / b / p /*...

Ce n'est pas la seule différence entre *gâh-yata* ET *baptis-er*: le fait d'aller est exprimé par *-ha / -ua* (verbe sanskrit) ET par *apata* (verbe grec) ...
Mais, par exemple, l' élément *apata* est utilisé dans le verbe sanskrit: PAT-*yata* = voler, se déplacer rapidement dans l' espace; voir l' anglais: *path* = chemin.

La croyance en la résurrection des corps

skr: *asthimant* (DSF-105) = ossement & skr: *âçâvant* (TB-90) = plein d' espoir. La proximité phonétique est évidente, surtout si l' on sait que -*van*t est à l' origine un -*mant* dont le son initial a subi une mutation phonétique. La construction sanskrite est simple –*mant* = qui montre, où apparaît... >> qui montre l' os (*asthi*) et qui montre de l' espoir (*âçâ*).
A noter l' origine du FR: *ossement*.

La pratique, très en vogue au Haut Moyen Age, de doter très richement les abbayes et, souvent également, de s' y retirer à la fin de sa vie.

⬇ 2024: le passage qui suit est à oublier, mais les « errements » étymologiques ont leur intérêt...

Le mot *abbatia* en latin médiéval est proche de deux mots sanskrits qui ont tous les deux été utilisés au Haut Moyen Age:

⬇ il n'est pas proche de ces mots sanskrits, et, de plus, avancer que les mots sanskrits était utilisés au Moyen Age mériterait au minimum des explications...
Néanmoins, essayer de discerner le mode de construction des mots et la signification de leurs éléments est essentiel... Je reprendrai cette idée en 2017, et produirai mon dictionnaire étymologique du sanskrit (volume 44b), unique en son genre, et révolutionnaire...

1-*ânâthya* TB-78 = qui a besoin de protection.
â- n' est pas le *a-* privatif de l' indo-européen, mais une contraction d ' une des prépositions sanskrites, en l' occurrence probablement *â-* = faible quantité (DSF-107). Il y a le suffixe de potentialité ou d' obligation *–ya*.
La racine *natha* TB-464 = protecteur; a donné en Gaule: *patron* (saint patron = saint protecteur) < *patha-r (suffixe agentif) + terminaison nominale *–on*. >> *âpathya = qui doit être protégé.
Explication linguistique qui justifie également la notion d' *immunité* accordée par les rois mérovingiens aux abbayes. (Voir les *Formulaires* de MARCULF, fin VIIè s)

2- *adasyati* = elle fait donner, elle fait recevoir; du vb *âDâ* = prendre, recevoir. Voir aussi *âtta* = pris, reçu (DSF-112). Les deux sens opposés sont issus de deux modes de conjugaison différents.
Le double "tt" et le "d" sont souvent transcrit en "b" OU "p" dans les langues européennes.
Cette racine a probablement donné le FR: sens de recevoir: *aval* (accord), *avoir, abouler* = donner, etc...; sens de prendre: *happer* etc... >> ***abasyat** = qui fait donner, qui fait recevoir. Le don apporte des bienfaits...

↓ en 2012, je n'étais qu'au stade de relever les énigmes de la comparaison des langues. Ce sont ces constatations qui m' ont poussé à chercher à mieux comprendre les éléments qui les constituaient.
Quant à mon observation *tt / d* du sanskrit > *b / p* des langues européennes; j' avais l'exemple du monde académique qui a constaté l' existence d'une énigme comparable avec les P-Celtes, etc...

Le symbole de la croix

lat: *crux* (< skr: ?) = la croix
Proximité avec le skr: *raksha* TB-752 = gardien, protecteur (vb *RAKSH* et *RUDH*) > anc.FR: *roquer* = couvrir (FG-541), la *roche*, la *rochele* (FG-539) (aucun rapport avec la pierre !), un *roquet* (un chien) = un gardien; *roquer* aux échecs = protéger son roi, etc...
skr: *ruch* TB-772 = lumière, splendeur, beauté > probablement: la *rose* (fleur), *à croquer* = joli, etc... ▲
skr: *kârus* DSF-189 = qui produit, un faiseur > notion très ancienne de la

religion védique > FR: *créer* etc... ◆
Ainsi que le verbe français *cracher*, pour certaines versions de la crucifixion où la foule crache sur Jésus.

Le commerce des indulgences ou comment acheter son salut éternel
Il commença dès le début du Haut Moyen Age (VIè s.) (voir Jean FAVIER) jusqu' au moins au XVIè s.

< *athkata < *atyaya* TB-12 = la mort, le trépas > un mot gaulois que l' on retrouve probablement dans le NP *Ascafotorix* = qui conduit au trépas, nom de guerrier de type habituel pour le monde gaulois > aussi le grec: *hê eskhatia* = la limite extrême, la fin (FR: *eschatologie*). >> ***askhata** = la mort, et l' au-delà
Proximité avec le verbe *acheter* (*achede* Xè s, DAF-6).

◆ **2024: les paragraphes ci-dessus sont d'une bien meilleure tenue que ceux des pages précédentes.** *athkata* **est effectivement comparable au sanskrit** *atyaya,* **puisque -*kata* ET -*ya* sont tous les deux agentifs, et forment, avec le grec** *eskhatia***, un paradigme signifiant « la mort, la limite inférieure extrême ».**
Je m' aperçois que dès 2012, j ' avais commencé à discerner un des sens des noms composés de guerriers gaulois:
Comme *Uercingetorix* **qui signifie « (le véhicule) qui conduit vers la fin (uer-cing) la personne (l' assemblage d'une âme et d'un corps = rix) nommée** *Eto* **– voir mon vol.62- ;** *Ascafotorix* **signifie « Ce qui conduit vers la fin (ascaf) la personne (rix) nommée** *Oto* **».**
ascaf **est comparable au grec** *skaphê* **= barque, mais avec l' élément /as/ signifiant « vers le bas » au lieu de « au loin ».**
Le rapprochement avec le FR: *acheter***, est judicieux.**

La Vierge Marie et l' Immaculée Conception

Puisque je me pose toujours beaucoup (trop) de questions, il me paraît évident que l' épithète de Marie, à l' origine, ne signifiait pas "femme qui

n' a pas encore connu d' homme", comme l' origine étymologique commune le laisse comprendre. (< lat: *uirgo, -inis*)
En effet, quelle serait la raison de cette épithète ? Il y a toujours une raison aux mythes et je ne vois pas en quoi le "fait" que Jésus soit le fils d'une femme vierge ait une quelconque utilité dans la religion chrétienne. Si ce n' est de la dépeindre comme pure et innocente. Mais c'est une raison bien ténue par rapport à "l' énormité" du fait: donner naissance sans avoir été fécondée. Même les plus abrutis des celtes vivant avec les bêtes dans la forêt, pouvaient juger du caractère impossible de l' événement...

Par chance, je connais assez bien les transformations du sanskrit vers les langues européennes.
La transformation la plus commune du "tt" sanskrit est le "g" européen.
skr: *vârtta* TB-838 = bon, bénéfique, sain > *vârga (à noter le NP espagnol *Vargas*) **(note 87)**
Je pense que l' idée première de l' épithète *Uirgo* de Marie est "la Bénéfique". Trait de son personnage que tous les littérateurs chrétiens, et surtout le peuple, ont toujours mis en avant.

⬧ 2024: le skr: *vârtta* est comparable à *vârga car *vârga = vâr-g-ha, où les deux éléments -tta ET -ha sont agentifs.
Le mot se retrouve en angl: *fair* = bon, favorable, que l' ODEE dit provenir du got: *fagrs* = convenable.
Ce paradigme s' explique par l' étymologie védique, mais cette étymologie est réservée aux personnes éclairées...

Ensuite, que le mythe d' une maman qui donne naissance à un enfant sans être fécondée, ait été créé en raison de l' homonymie avec le mot *vierge* = qui n' a pas été touché; il n' y a là rien de bien d' étonnant pour qui a pris conscience de l' importance des homonymies dans les mythes...

---

note 87: Ce paradigme a laissé des traces en français. Je ne citerai, pour faire court, que l' expression populaire *être verni* = être dans une passe favorable. ⬧

87

Le culte de la **Vierge noire**

C'est un culte très ancien, présent dans divers pays d' Europe: Auvergne, Catalogne, Pologne etc...
Culte en rapport, je pense avec une divinité gauloise, dont je n' ai pas d' exemple épigraphique, *Virgonira < *virgoniya* = qui apporte la santé. D' ailleurs plutôt qu' une divinité, il peut s' agir de l' épithète d' une divinité connue... à rechercher.
Le suffixe –*anîya* en sanskrit, que j' ai déjà décelé dans *colère noire* et *bête noire* (dans *expressions gauloises*, volume 3), exprime une nuance d' obligation ou de potentiel (VF-142) ▲.

Le premier terme *virgo*, qui a donné *la vigueur* en français, remonte à un gaulois, *brego (Voir (XD: *brigo*).

▲ 2024: à l'époque, je pensais que les travaux des celtologues étaient dignes d'intérêt et de relative confiance. Relire le paragraphe du livre de Delamarre me donne l'impression de lire la copie d'un lycéen qui n'a jamais étudié les langues anciennes, en dehors de ses cours de latin...
Je passerai l' hypothèse fausse de la signification fantasmée des noms anciens, et je relèverai l'absurdité et l' aveuglement de leurs théories: car le phonème /b/ possède, malheureusement pour eux, plusieurs significations. La philologie est beaucoup moins simpliste qu'ils ne pensent...
Prenez l'exemple que je donne dans mon volume148: gaulois: *briga 1* = ville, enceinte; *briga 2* = pont, passage; qui sont deux mots antinomiques: la ville « contient à l'intérieur », tandis que le pont « fait aller vers l'extérieur » !
Tout linguiste ou philologue doit revenir au bon sens, au lieu de fantasmer sans raisons: les mots sont l' expression de concepts assez clairs et simples. Mais, par contre, les phonèmes qui servent à les fabriquer sont extrêmement complexes, variés et surtout variables, suivant les époques et les lieux.

Dans certaines régions d' Europe, la version de cette racine sanskrite a été transcrite par *uarga, *uergo. (on dit: "par dissimilation")

⬇ cette tentative pour expliquer le rapport entre *uergo ET *brego est à oublier !

< *vârtta* TB-838 = bon, bénéfique, sain   < *vritti* (TB-894) = orbite, cercle , qq chose qui se maintient.
La dédicace parfois trouvée " *virgini pariturae* " en gaulois tardif, traduite un peu rapidement par: " *à la vierge qui doit enfanter* " , est plutôt, à mon avis: " *à celle qui donne la santé, la vie* ".
pariturae étant un datif de *paritura*, participe futur du verbe *pario, -is* = enfanter, mais aussi traduit par *procurer, donner, faire naître.*
virgini étant un accusatif d' un nom féminin *virgina* en gaulois = la santé, la vigueur.

PARADIGME du skr: *vârtta* = sain, qui se maintient.
FR: *vigueur* < *verga-r OU *virgin* = qui rend sain (⬇ **non**)
vigoureux < *virgariya < *vârttanîya* = qui a le pouvoir d ' être sain, de se maintenir sans atteintes.(⬇ **non**)

⬇ **non, car le skr: *vârtta* ET le FR: *vigueur*, n'appartiennent pas au même paradigme. Il suffit de comparer les deux sens: *vârtta* = qui se maintint et vigueur = qui va vers l' avant; vers le haut ! ... il faut du bon sens, rien que du bon sens, le plus simple bon sens !**

L' entrée qui correspond chez Xavier DELAMARRE (*brigo*) n' a pour lui aucune étymologie, mais trouve, évidemment, sa continuation dans les mots FR, italien, espagnol: *brio.*
Je ne suis pas d' accord avec quelques unes de ses analyses d' anthroponymes gaulois et de mots néoceltiques.
D' autre part, il est dommage qu' il n' ait pas rattaché à ce paradigme des mots dérivés de son sens originel " se maintenir " comme le NL en Armorique: *Uorgium* qui désigne à n' en pas douter " une place forte " qui se maintient et non pas un bizarre " *l' Ouvrage* " (XD-314).
De plus, l' important paradigme anthroponymique gaulois: *Uritea, Uritius, Ourittakos, Urittia, Uritto* etc...a certainement comme signification " sain, vigoureux " ; j' en veux pour preuve l' expression populaire française: *avoir*

la frite ! ⬛

AUTRES HOMOPHONIES DES MYTHES CHRETIENS
De plus, je signalerai sans détailler:

1- *hrista < skr: *arista* = sain et sauf, indemne ⬛ >< *Christ* > **ressuscité**

2- skr: *alpâyus* TB-84 = qui a une vie courte; *alpaka* (-n) DSF-84 = pauvre, misérable >< (*li*) *pagien* (Xè s) , (*li*) *païen* (XIè s) (in NDE) = **païen**, qui n'est pas chrétien. ⬛
(mon opinion est que le mot païen signifie, à l'origine, *qui n'est pas protégé;* skr: vb *Pâ* = protéger, préserver)

3- skr: vb *samUJJH* TB-110, DSF-799 = abandonner > amnistie, absolution; *samujjhita* TB-110 = délivré de ; *samujjihâna* DSF-799 = qui apparaît, qui se manifeste >> **communier, communion**
⬇ **Le préfixe français *com*– et le préfixe sanskrit *–sam* ont le même sens, mais pas du tout la même phonétique. Leur construction est différente, et s'analyse grâce à l'étymologie védique...**
La transformation du préfixe sanskrit *sam-* dans la langue française sous la forme *con- com-* est un "grand classique".
samujjhya = être délivré de > *samunya > *comunya

4- skr: *uchchaya* TB-108 = qui rassemble; *uchcha Christi* = Christ le plus fort, le plus haut
>> **eucharistie** (à noter: le *uchcha* sanskrit très proche du *hourra* français !)
vb *ucCHRI* DSF-135 = lever, ériger > en rapport avec le geste du prêtre qui élève le calice, et la montée du Christ au Golgotha (*ucchrita* = il élève). ⬛
Voir aussi le grec: *hê kharis* = la joie, le plaisir; *kharisios* = qu'on donne en signe de reconnaissance, *kharistêrios* = qui sert à témoigner la reconnaissance; *kharistikos* = bienfaisant, libéral
>> au total: un vocabulaire et un moment de la messe très chargés de significations.

⬛ **2024: il est incroyable que les rites de la religion chrétienne n'aient**

pas été analysés ethnologiquement, et accessoirement philologiquement.
Mais l' adage suivant lequel le poisson rouge ne peut connaître son bocal est juste; cependant comment comprendre quoi que ce soit à l'Histoire si l'on ne connaît pas la signification des croyances qui ont conditionné notre civilisation...

J'ai tenté une première analyse dans mon volume 32: *le vocabulaire du Christianisme*, février 2015, non-publié; ainsi que dans divers autres volumes.

chapitre VII

le triomphe de la croix

I- le christianisme, religion de l' aristocratie

La nouvelle religion est d' abord une religion initiatique. Les preuves en sont:
- un rite d' entrée: le baptême
- de nombreux « mystères de la foi », dont la compréhension est réservée seulement à la catégorie la plus instruite de la population.
- une langue étrangère: le grec, puis le latin adopté en même temps que l' héritage de l' Empire romain, repris tant bien que mal par des aristocraties européennes qui font alliance avec la nouvelle religion. Voir les rapports entre les rois Francs et les évêques, la main mise des moines sur l' administration des royaumes, etc...

II- les Juifs: derniers adeptes de l ' ancienne religion

Le christianisme séduit les élites religieuses et aristocratiques. Certaines tendances à l' ascétisme correspondent à l' héritage culturel de l' ancienne religion gauloise.
Mais le peuple est fermement accroché à ses anciennes croyances et ses anciens rites. Même encore de nos jours, beaucoup de croyances populaires sont encore vivantes.
Je pense qu' il faut attendre le milieu du Moyen Age pour que le christianisme deviennent la religion dominante, même dans les campagnes.

« Les Juifs sont nombreux dans la Gaule romaine » (Jean FAVIER, p 539). « nombreux » signifie aussi qu' ils ne sont pas quantifiables aujourd' hui.

Dès le début du développement du christianisme, les prêtres chrétiens réclament l' élimination de l' ancienne religion à leurs alliés au pouvoir. Quand au début du VIIè s., l' empereur byzantin Héraclius dans une lettre au roi Dagobert 1er, lui demande d' obliger tous les juifs à accepter le baptêm, il veut parler en réalité de convertir de force tous les adeptes de l'ancienne religion, et pas du tout les soi-disant émigrés de Palestine.

Il sera nécessaire d'étudier en détail la religion juive, l'histoire des communautés juives, la langue utilisée par les juifs et les livres mystiques (le Zohar, au Moyen Age).
Mais je peux dès maintenant affirmer que *les Juifs* est le nom donné par les chrétiens aux anciens adeptes des religions anciennes en Europe et au Proche-Orient. Toute l'intelligence des moines médiévaux a été d'assimiler ces adeptes au nom du peuple qui vivait dans le pays où le Christ a été mis à mort: les Hébreux.
Les mettant progressivement au ban de la société en leur faisant endosser une mythique responsabilité dans la mort de Jésus.

Mon hypothèse linguistique est que *juif* possédait la signification de « conforme, traditionnel » dans le sens où, au début, ils représentaient la majorité de la population.

♠ **2024: mes recherches linguistiques montrent que l'allemand: *Juden* = Juifs, est une des phonétiques du mot *Goths*.**
Dès l'Antiquité, l'Eglise avait entamé une lutte à mort avec l'arianisme, la religion des Goths, soeur du christianisme, qui menaçait l'Eglise. Wulfila, qui nous a laissé les seuls textes en gotique, traductions de grands textes fondateurs du christianisme, était un évêque arien goth.
Les grandes zones de peuplement juif correspondent aux zones de peuplement goth.
Mais tous les ennemis de l'Eglise furent amalgamés dans la « juiverie ». D'ailleurs, la recette s'étant révélée comme « magique », il semble que l'Islam la reprit.
Pour étayer cette théorie, j'avais tenté, en avril 2018, une première étude de la langue juive: *dictionnaire étymologique de l'hébreu (moderne)* (langue-et-histoire, volume 14). J'étais alors resté très prudent (eh oui, je le suis parfois !).
Mais je n'avais pu surmonter les difficultés inhérentes au problème posé:

1– avoir un discours <u>crédible</u>, bien que n'étant pas académique.
2– maîtriser la phonétique de l' hébreu, tel qu'il est parlé actuellement.
3– avoir un minimum de connaissance du gotique antique.
L'idéal serait que je recommence mon travail grâce à mes nouvelles connaissances… mais étant donné l' absence de récompense après mon ancien livre, je manque de motivation. Eh oui, un travailleur a besoin de récompense…
Pourtant la parenté entre le gotique antique et la langue juive semble évidente:
Exemple:
got: *rabbaunei* = professeur, maître > hébreu moderne: *rabbin*= prêtre.

D' autre part, il faut avoir bien à l' esprit que l' on peut dire que les moines médiévaux ont la clé de l' Histoire, puisque ce sont eux qui ont conservé les manuscrits antiques, et ce sont eux qui ont écrit l' Histoire depuis l' Empire romain jusqu' au XIVè siècle.

♠ comme le montre le roman d'Umberto ECCO: *le nom de la rose.*

En effet, un des premiers livres historiques non-religieux est probablement la *vie de Saint-Louis,* achevée par Jean de JOINVILLE aux environ de l' année 1309, encore que son objectivité ne soit pas encore « historique » puisque ouvrage destiné à la famille royale.
Par boutade, on peut dire que les moines ont enfermé l' Histoire dans leurs abbayes et qu' ils en ont avalé la clé !

Un petit indice, dans les *Actes des Apôtres* (2-5), il est dit que, le jour de la Pentecôte, étaient venus à Jérusalem des Juifs, « hommes pieux venus de toutes les nations qui sont sous le ciel. », il ne s' agit évidemment pas des communautés dispersées du peuple hébreux, mais des adeptes de l' ancienne religion védique, majoritaire sur la terre, il y a deux mille ans.

↓ 2024: le christianisme et le judaïsme sont deux religions proches l'une de l' autre, et sont tous les deux proches héritières de la religion védique.

Les rapprochements entre ces deux religions et le brahmanisme sont légions...

III- le christianisme n'est pas du tout une religion nouvelle

Tout historien ne peut être que circonspect face à la soi-disant « révélation » d'une nouvelle religion en Palestine et en Europe. On peut dresser le tableau d'une Eurasie ayant sensiblement les mêmes croyances, il y a deux mille ans. Certes, chaque peuple possédait des rites et des mythologies qui différaient légèrement, mais globalement je pense que les grands traits sont tous issus de la religion védique.
J'y consacrerai un ouvrage plus systématique. Je me contenterai ici de relever certains traits essentiels.
1– un dieu qui est à l'origine du *Tout*.
2– une symbolisation du taureau
3– un monde céleste, résidence des dieux (les astres)
4– un monde inférieur, résidence de puissances terribles mais bénéfiques
Pierre GRIMAL p 43: Apollon: « *on attacha à son nom tout un système mi-religieux mi-moral, promettant le salut éternel et la vie éternelle à ses initiés.* »

🔺 2024: le christianisme donne une vision ambigüe du monde inférieur: à la fois résidence du diable et des mauvais instincts humains, mais aussi lieu de l'espoir et de la renaissance des morts.
On ne renie pas si facilement les croyances passées...

IV- les communautés juives et leur vocabulaire

Il y eut des communautés juives un peu partout en Europe et ailleurs.
Vous êtes vous déjà posé la question: pourquoi ces si nombreuses communautés juives au fin fond des grandes forêts de Pologne et d' Ukraine, par exemple ?
Quelle a pu être la réalité d' un mouvement migratoire depuis la Palestine jusqu' à ces régions ?
Il est évident que nous avons affaire, là encore, à un mythe.

En renfort de mon premier point sur le caractère aristocratique du christianisme dans sa première période, j' analyserai le terme employé par les Juifs pour désigner les Chrétiens: les *Gentils*.
Si le premier sens découle évidemment d' un des préceptes chrétiens: *aime ton prochain*, j' y discerne une autre origine étymologique: les *gentris = les aristocrates.
Les sociétés européennes ont toujours été partagées en trois castes, issues de la pensée védique. La caste des guerriers: *ksatriya* DSF-215 = noblesse d'épée; a donné en langage européen > *gatriya > angl: *the gentry* = la classe sociale la plus haute > FR: *un gentilhomme* < *gantry-homme = un homme de la caste des guerriers. ▲
L' analyse étymologique du mot *gentil* (=gent) dans le *Nouveau Dictionnaire Etymologique* est d' ailleurs à revoir.
L' origine officielle lat: *genitus* = né; et par extension « bien né » est approximative. D' abord *genitus* n' est pas un mot courant latin signifiant *né,* ensuite je ne vois pas pourquoi *né* dériverait vers le sens de « bien né ».
Il est beaucoup plus évident de voir un *gentil* signifiant « de la caste aristocratique » donc « bien éduqué » , « avec de bonnes manières ».
D' ailleurs le paradigme latin *gens, gentis* est plus proche du sens de *caste, race,* que de celui de *natare* = naître.
Ensuite le latin *gentilis* = parent, compatriote, barbare, païen; mériterait une longue étude... tant les différents sens paraissent complexes.
Bref, pour moi, le peuple du Haut Moyen Age méprisait la nouvelle religion et appelait ironiquement ses adeptes « les seigneurs » (ceux de la Haute).

V- une Histoire de l' Eglise probablement manipulée

De même que les Juifs ont été désignés comme ennemis car venant de l' étranger, il est fort possible que saint Colomban n' était pas un moine irlandais, mais un chrétien de Gaule.
Il créa un mouvement religieux, à la fin du VIè s., dont on sait peu de choses, si ce n' est qu' il fut en conflit avec beaucoup d' évêques et la plupart des rois mérovingiens.

Un petit mot sur les soi-disant martyres, saints, etc...
L' étude des textes les plus anciens montre également souvent une origine linguistique aux mythes hagiographiques.
Sans parler du fait que les saints protecteurs sont exactement la continuation des divinités protectrices gauloises.
J' en reparlerai dans un futur ouvrage.
Tout cela relève de classiques opérations de propagande et de manipulation comme tous les mouvements politiques et religieux l' ont fait dans l' Histoire.

⬆ voir mon volume 232, page144.

Cet élitisme de la religion chrétienne débutante se retrouve en archéologie.
Les édifices chrétiens du Haut Moyen Age sont rares; à supposer d' ailleurs que les quelques édifices religieux mis au jour soient vraiment chrétiens, car les signes chrétiens sont rares durant tout le Haut Moyen Age, particulièrement en dehors des classes supérieures.
Cette rareté des édifices chrétiens montre bien le peu d' emprise de la religion chrétienne au Haut Moyen Age.

VI- l' emprise du christianisme à partir du Moyen Age central (XIè siècle)

Le christianisme trouve réellement sa place dans toute la société au tournant de l' an mille, grâce à plusieurs facteurs:

1– une pression millénariste et eschatologique encore plus importante. (la proximité d' une fin du monde et l' an mille)

2– une démarche résolument tournée vers la protection des population, dans un monde qui peut sembler en cours de destruction, avec la fin d' un état fort hérité de l' Empire romain.
C'est la période que les historiens ont appelé *la Paix de Dieu*, pour montrer la reprise en main des affaires terrestres par le clergé: certains religieux n' hésitent pas à prendre l' épée pour rétablir la paix, dans cette anarchie qui coûte cher aux populations simples.

3– l' apparition de monastères qui ne sont plus seulement un lieu de retraite spirituelle pour aristocrates en crise existentielle ou des centres intellectuels, voir des centres de l' administration royale, mais dont l' activité devient économique et sera le ferment d' un développement économique, bénéfique pour le peuple.

4– une reprise en main du clergé par le pape Grégoire VII (au XIè s., ce qu' on appelle « la réforme grégorienne »), doublée d' une réorganisation de l' Eglise dans les campagnes qui font réellement des prêtres les « bergers du troupeau ».

CONCLUSION

En regardant l' Histoire humaine sur plusieurs millénaires, on peut dire que le monde a vécu un grand mouvement de croissance initié par le peuple Dravidien et la religion védique.
Le principe de croissance et de production de la vie a été poussé à son paroxysme. Une grande partie de l' Humanité ne souffre plus de la faim mais au contraire de la suralimentation.
Alors que la religion védique était fascinée par le principe de vie qui fait que tout ce qui est terrestre croît, se transforme et nourrit, elle savait et elle sentait aussi, que les hommes sont dépassés par quelque chose de plus grand qu' eux: la nature immense, l' océan, les montagnes, les fleuves, les volcans...

Aujourd'hui la seule religion qui perdure dans notre monde industriel, c'est celle que les gaulois appelaient avec effroi: *onda bocca,* la Grande Bouche (**note 101**), celle qui transforme et digère tout. ◣

Dans toute la culture ancienne, elle représentait l' entrée vers le monde souterrain. Puissance à la fois destructrice et créatrice, comme Shiva, un des trois dieux principaux de l' Inde.
C' est cette puissance diabolique, à la fois bonne et mauvaise, que l' on voit grimaçante dans les sculptures médiévales.

L' erreur de nos sociétés est d 'avoir bâti nos croyances sur l' idée qui se trouve au commencement de la Genèse, dans la Bible: Dieu a créé le mon-

---

note 101: divinité dont le nom revient plusieurs fois sur la plaque de plomb du Larzac, le plus long texte gaulois connu, probablement une succession d' imprécations magiques.
Elle est représentée plusieurs fois sur le chaudron de Gundestrup.

de pour l' homme, puis il s' est dit:
« *faisons les êtres humains: qu' ils soient les maîtres des poissons, des oiseaux, des gros animaux et des petites bêtes* » (Genèse, la création).
Nous ne sommes pas les *maîtres* des êtres vivants.
Le monde n' existe pas que pour satisfaire nos moindres envies. Dieu n' a pas créé l' eau, les animaux, les plantes **seulement** pour que nous les détruisions, **seulement** pour que nous les avalions...

Alors qu' il n' y a plus de pensée religieuse dans les sociétés industrielles, nous sommes certainement à un tournant de l' Histoire:
-CROIRE *qu' il y a quelque chose de plus grand que nous, ou du moins, quelque chose sur la terre, autre que l' homme, qui possède autant de droit à la vie que nous*
-ou CROIRE *que tout n' existe que pour satisfaire notre propre plaisir.*
Notre emprise sur le monde est telle que la question dramatique qui se pose est:
Y a-t-il sur la terre de la place pour autre chose que notre égoïsme ?

J' invite mes lecteurs à se tenir au courant de mes travaux en consultant mon site (⬇ **qui n'existe plus**).
Je suis en train d' écrire un livre sur *la pensée gauloise*, ainsi que sur *la géographie et les voies anciennes du département de la Manche* qui sera l' occasion de présenter mes nombreuses découvertes en matière de toponymie.
D' autre part, sur mon site, j' ai prévu de consacrer deux nouvelles pages aux voies anciennes et aux noms de famille français et étrangers.
A bientôt.
⬇ **Hélas ! l'heure n'est plus à l'optimisme, mais plutôt à l'enterrement de l'intelligence humaine...**

Philippe POTEL-BELNER
St-Pair-sur-mer, le 11 juin 2012

CONCLUSION 2024

Mise à part quelques étymologies fantaisistes ou pas assez expliquées, l'importance de mon ouvrage est évidente, et ses conclusions le sont également. Entre autres, les caractéristiques mythiques de Jésus, ainsi que l'invention d'un peuple juif étranger pour mieux lutter contre le paganisme, auraient dû être la première des hypothèses mise en avant par les historiens... mais l' académisme et les manipulations triomphent facilement des évidences... la preuve, douze ans après, les mauvais linguistes et les mauvais historiens ont réussi à rendre inaudibles mes théories.
De ce point de vue, notre époque n' a rien à envier aux périodes les plus obscures de l'histoire de l' homme: une censure est à l' oeuvre, et n'augure rien de bon pour l' avenir...

Ajoutons aussi, pour faire bonne mesure, que mes publications des cinq premières années, avaient tout pour faire fuir un lecteur scientifique: j' ai lancé, au fur et à mesure de mes découvertes, des chantiers d'études tous azimuts. Exemple: *les supposées racines gauloises dl- / adl- = arrêt / mouvement, à l'épreuve du vieil irlandais et d'une langue « papoue »*, étude n° 65, 13 mars 2015; voir volume 176.
Il faut quand même l'oser !
Ces publications, qui contrastaient avec le ronronnement habituel des chercheurs patentés, pouvaient paraître fantaisistes.
Ce sont les défauts de mes qualités: je ne tiens jamais rien pour acquis, et aucun sujet ne peut me faire reculer. Ajoutons l'enthousiasme de mes débuts...

Philippe POTEL-BELNER,
Buis-les-Baronnies, le 15 juillet 2024

BIBLIOGRAPHIE 2012

Les commentaires et les évaluations sont miens, c'est-à-dire qu' ils sont considérés du point de vue d'un chercheur souhaitant comprendre le passage entre les langues antiques (grec, latin, gotique, ancien celtique) et les langues dites modernes (après le XVè s.). Ce chercheur doit donc centrer sa recherche sur le Moyen Age, le haut, comme le classique. Ces commentaires et ces évaluations peuvent également être considérés comme des conseils de lecture.

XXX = livre à déconseiller: reprise d'informations déjà existante, sources corrompues, ou autres...
* = livre à feuilleter, et éventuellement à conserver
** = livre qui constitue une bonne base de données, mais dont les interprétations et la méthode sont indigentes.
*** = livre renfermant des informations importantes OU / ET dont la méthode et la problématique peuvent faire progresser la science.

***BAILLY A., *(abrégé) dictionnaire grec-français,* Paris, Hachette, 1901

***BENFEY Theodore, *a sanskrit-english dictionary*, New Delhi, éd. Asian Educational Services, 1991 (1ère édition: 1866)

xxxBENVENISTE Emile (1902-1976), *Origines de la formation des noms en indo-européen,*Paris, Maisonneuve, 1984, 224 pages

xxxBENVENISTE Emile (1902-1976), *Le vocabulaire des institutions indo-européennes, volume 2: pouvoir, droit, religion;* Paris, éd.de Minuit, 1969, 339 pages

xxxBENVENISTE Emile (1902-1976), *Le vocabulaire des institutions indo-européennes, volume 1: économie, parenté, société,* Paris, éd.de Minuit, 1969, 376 pages

xxxBENVENISTE Emile (1902-1976), *Noms d' agent et noms d' ac-*

tion en indo-européen; Paris, Maisonneuve, 1993, 175 pages
Benveniste et Pokorny sont totalement dépassés, le monde académique doit s'en rendre compte et tourner la page.

BOIVIN Michel, *Histoire de l' Inde,* Paris, Que sais-je? (PUF), 1996, 125 pages

BOTTERO Jean et KRAMER Samuel Noah, *Lorsque les dieux faisaient l' Homme,* Paris, Gallimard, 1989

**BOTTERO Jean, *La plus vieille religion du monde, en Mésopotamie,* Paris, Gallimard (Folio),1998, 443 pages

*BRUNEAUX Jean-Louis, *Les religions gauloises (Vè-Ier siècle av.JC),* Paris, Errances, 2000, 272 pages

*CHANTRAINE Pierre, *Dictionnaire étymologique de la langue grecque,* Paris, éd.Klincksieck, 1999 (1ère édition: 1968)
Peu d'intérêt.

***DANIELOU Alain (1907-1994), *Mythes et dieux de l' Inde,* Paris, Flammarion, 1994 (1ère édition, éd.du rocher,1992) 643 pages

*DELAMARRE Xavier, *Dictionnaire de la langue gauloise,* Paris, ERRANCE, 2003, 2ème édition: 2008
compilation des hypothèses académiques concernant les langues gauloises. Mais il ne suffit pas qu'une hypothèse soit rabâchée par des plusieurs générations successives et pendant plus d'un siècle, pour qu' elles deviennent des vérités. Toute la partie étayée par des noms de personnes est ridicule.

**DELAMARRE Xavier, *Noms de personnes celtiques dans l' épigraphie classique,* Paris, ERRANCES, 2007
base de données intéressante.

xxxDictionnaire étymologique de la langue française, par Bloch

(1877-1937) et Von Wartburg (1888-1971), Paris, Quadrige (PUF), 2002

**Nouveau dictionnaire étymologique, par Dauzat, Dubois et Mitterand, Paris, Larousse, 1964
Utile base de données.

**Dictionnaire français-gallois, gallois-français, Aberystwyth (Pays de Galles) 2000

***dictionnaire gallois-anglais/ anglais-gallois: Y Geriadur mawr, par MEURIG EVANS H., THOMAS W. O., Llandysul (Pays de Galles), Gwasg Gomer, 2009 (1ère éd.1958)

***Dictionnaire Sanskrit-français, par N.STCHOUPAK, L.NITTI et L.RENOU, Paris, éd.Maisonneuve 1932; tirage de 1987

*Dictionnaire des symboles, de J.CHEVALIER et Alain GHEERBRANT, Paris, Robert Laffont, 1969

*Dictionnary of english etymology, Oxford University press, 2010

DIODORE de Sicile (1er s.av.JC), Livre III, bilingue, traduit du grec et annoté par Bibiane BOMELAER; Paris, éd.Belles Lettres, 1989

DIODORE de Sicile (1er s.av.JC), tome II, livre 2, bilingue, traduit du grec et annoté par Bernard ECK;
Paris, éd.Belles Lettres, 2003, 201 pages

DIODORE de Sicile (1er s.av.JC), Livre IV: mythologie des Grecs, traduit du grec et annoté par Janick AUBERGER; Paris, éd. Belles Lettres, 1997

*ERNOUT Alfred et MEILLET Alfred, *Dictionnaire étymologique de la langue latine,* Paris, éd.Klincksieck, 2001 (1ère édition: 1932)
Peu d'intérêt.

***FAVIER Jean, *Dictionnaire de la France médiévale;* Paris, Fayard,

1993, 982 pages

***FILLIOZAT Jean, *Les philosophies de l' Inde*, Paris, PUF-QSJ, 1970

**FILLIOZAT Pierre-Sylvain, *Le sanskrit,* Paris, Que sais-je ? (PUF), 1992, 127 pages

**FILLIOZAT Vasundhara, *Eléments de grammaire sanskrite,* Paris ?, éd. Agamat, 2007 ?

GAUVARD Claude, *la France au Moyen Age, du Vè au XVè s.,* Paris, PUF, 1996

GILGAMESH (l' épopée de) (début du 2ème millénaire av.JC) , anonyme, traduit de l' akkadien par Jean BOTTERO, Paris, Gallimard, 1992, 295 pages

***GODEFROY Frédéric (1826-1897), *Lexique de l' ancien français (édition abrégée),* Paris, Champion, 2003, 633 pages
Un abrégé du grand dictionnaire qui s' imposait, avec d' utiles additions, mais qui, à mon avis, est trop succinct, surtout en ce qui concerne les multiples phonétiques et orthographes de l' ancien français. Il manque également les mots non-traduits jusqu' à présent, et d' une manière générale, l'ouvrage ne reflète pas suffisamment les incertitudes inhérentes à l' ancien français.

**GREIMAS Algirdas Julien, *dictionnaire de l' ancien français: le Moyen Age,* Paris, Larousse, 1992 (1ère éd: 1979)

***GRIMAL Pierre, *dictionnaire de la mythologie grecque et romaine,* Paris, PUF, 1951

*HONNORAT Michel, *la langue gauloise ressuscitée,* Paris, Librairie Ernest Leroux, 1935

**HONNORAT Michel, *démonstration de la parenté des langues indo-européennes et sémitiques,* Paris, Librairie Paul Geuthner, 1933
Un précurseur à réhabiliter. Sa position avant-gardiste lui attira les foudres injustifiées de Joseph VENDRYES.

*HONNORAT Michel, *la Tour de Babel et la langue primitive de la terre,* Paris, éd.G. P. Maisonneuve, 1936

Initiation à l' Orient ancien, collectif (dont Georges ROUX), Paris, Seuil (Points),1992, 358 pages

LALOUETTE Claire, *Dieux et pharaons de l' Egypte ancienne,* Paris ?, EJL (Librio), 2004, 93 pages

**LAMBERT Pierre-Yves, *La langue gauloise,* Paris, Errances, 2002, 248 pages
Base de données seulement !

Larousse (Petit) , Paris, éd. Larousse, 1992

LUCIEN de Samosate (IIè siècle ap.JC), *Oeuvres, opuscules 1 à 10, bilingue et traduit du grec par Jacques BOMPAIRE,* Paris, éd.Belles Lettres, 187 pages

*MACBAIN Alexander, *an étymological dictionnary of the gaelic language,* Stirling (Scotland), 1911, 412 pages

**MULLER Max (1823-1900), *Mythologie comparée, traduit de l' anglais,* Paris, Robert Laffont, 2002, 880 pages

**PERSIGOUT Jean-Paul, *Dictionnaire de mythologie celtique,* Paris, éd. Imago, 2009

PLATON (ca.427- ca.348 av.JC), *Platonis opera, texte original en grec,* Oxford University Press, 1978

PLATON (ca.427- ca.348 av.JC), *Timée, Critias, traduit du grec par Luc BRISSON,* Paris, Flammarion, 1992, 450 pages

*ROGET DE BELLOGUET Dominique, *Glossaire gaulois,* Paris, Maisonneuve, 1872 (réimp. 2006, Elibron Classics), 450 pages

xxxSERGENT Bernard, *l'Atlantide et la mythologie grecque,* Paris, L'Harmattan, 2006
Parti pris pour une idée à la mode dans les milieux intellectuels: l' histoire des Atlantes serait une parabole politique...absurde !...

**SERGENT Bernard, *les Indo-Européens,* Paris, Payot, 1995
Etude palaeo-ethnologique intéressante sur les peuples européens et indiens anciens, malheureusement trop académique et orientée.

*SERGENT Bernard, *Génèse de l'Inde,* Paris, Bibliothèque scientifique Payot, 1997
Malheureusement, l' Histoire n'a pas toujours été écrite. D'autant plus qu' elle est a été écrite par les vainqueurs blancs: les Aryas de l' inde.

**STERCKX Claude, *Mythologie du monde celte,* Paris, Hachette (Marabout), 2009, 470 pages
Etude palaeo-ethnologique intéressante

STRABON (ca.58 av.JC- ca.25 ap.JC), *Géographie, tome 1, livre 1, texte bilingue, traduit du grec par Germaine AUJAC,* Paris, éd.Belles Lettres, 1969, 219 pages

THESAURUS PALAEOHIBERNICUS, *Volume 1 et 2, avec essais de traduction du celtique ancien et annotations de Whitley STOKES et John STRACHAN,* Cambridge University Press, 1901 & 1903, 727 + 422 pages

xxxVENDRYES Joseph (1875-1960), BACHELLERY Edouard (...- 1988), LAMBERT Pierre-Yves, *lexique étymologique de l' irlandais ancien (les lettres E à L n' ont pas été traitées)* éd. Dublin Institute for advanced studies (Irlande) & CNRS (France), de 1959 à 1996

Très peu d' intelligence, dans ces volumes académiques.

*de VRIES Jan, *la religion des Celtes*, Paris, éd.Payot, 1975 (traduit de l' allemand)

SUPPLEMENT BIBLIOGRAPHIQUE 2024

En plus des volumes de la collection langue-et-histoire:

DMF = *Dictionnaire du moyen français: la Renaissance*, Teresa Mary KEANE & Algirdas Julien GREIMAS, Paris, Larousse, 1992

***FG** = = GODEFROY Frédéric (1826-1897), *dictionnaire de l' ancien français et de tous ses dialectes*, 10 volumes, de 1881 à 1902.
un ouvrage monumental.

LH = Laurence HÉLIX, L' ancien français, morphologie, syntaxe et phonétique, Paris, Armand Colin, 2018.

***Moignet** = *Grammaire de l' ancien français*, Gérard MOIGNET, éd. Klincksieck, Paris, 2017 (1ère éd: 1973).
ouvrage monumental, bien qu' incomplet, tant l' ancien français possède encore de mystères.

*ZINK Gaston, *l' ancien français*, Paris, Que sais-je ?, 1987.
*ZINK Gaston, *morphologie du français médiéval*, Paris, PUF, 1989.
*ZINK Gaston, *phonétique historique du français*, Paris, PUF, 1986.
Les ouvrages de G. ZINK offrent peu d'intérêt.

DAFP = *Dictionnaire de l' argot et du français populaire*, par Jean-Paul COLIN (dir.), Paris, Larousse, 2010

**Gaelic Dictionary*, Gaelic-English / English-Gaelic, Malcolm MACLENNAN, Edinburgh (Scotland), 1925.

***RHYS JONES T.J., *le gallois, cours complet pour débutants*, traduction, adaptation et notes complémentaires de J-Y.PLOURIN, éd.Armeline, Crozon, 2000 (l'édition originale anglaise date de 1991)

**A GOTHIC ETYMOLOGICAL DICTIONARY*, by Winfred LEHMANN, Leiden (Pays-Bas), éd.BRILL, 1986 (from Sigmund FEIST: *Vergleichendes Wörterbuch der Gotischen Sprache*)
Très utile...

**Gothic Grammar*, Wilhelm BRAUN (translated from the second German edition by G.H.BALG) , New-York, Westermann & co, 1883.

the Gothic language, Irmengard RAUCH, New-York, Peter Lang Publishers, 2011.
Compilation de ce qui a été dit sur le gotique, pleine de pédanterie et d' académisme, comme savent le faire les universitaires anglo-saxons. A grand renfort de schémas et de lois de machin... Aucune réflexion ou démarche scientifique.

***DICTIONNAIRE latin-français*, Henri GOELZER, Paris, éd. GARNIER, nouvelle édition ca.1970 (1ère édition 1928) (plus pratique que le Gaffiot)

**Félix GAFFIOT: *dictionnaire latin-français* (1934)

***VV** = VÄÄNÄNEN Veikko, *introduction au latin vulgaire*, Paris, éd. Klincksieck, , 2012 (1ère éd: 1963).
Très bon livre scientifique, au bon sens du terme. Malheureusement, il manque à M.Väänänen le recul nécessaire. Mais cela est propre à tout latiniste, comme tout sanskriste, car ces monuments

linguistiques ne peuvent se comprendre qu' en les survolant.

Etymologisches Wörterbuch der indogermanischen Sprachen, herausgegeben and bearbeitet von Julius Pokorny, par Alois WALDE, Berlin & Leipzig, 1928-1932, 3 volumes.

[xxx] IEW = *Indogermanisches etymologisches Wörterbuch*, par Julius POKORNY, Berne & Munich, Francke Verlag, 1959-1969.

Les ouvrages de Pokorny, Benveniste et les autres, appartiennent à une autre époque, celle d'avant mes premiers ouvrages. Les informations véhiculées dans ces ouvrages sont fausses, embryonnaires ou caricaturales. Le problème est que ces ouvrages, faute de remplaçants, servent encore et toujours de références aux linguistes. A voir la manière dont mes recherches ont été accueillies, on comprend parfaitement les désirs d' immobilité du monde académique.

***IPT** = *International Philology and Theology / Philologie et Théologie Internationale*, revue mensuelle anglais-français, depuis 2019.

PJ = Philippe JOUËT, *dictionnaire de la mythologie et de la religion celtique*, éd. Yoran Embanner, Fouesnant (Bretagne, France), 2012.
Ouvrage assez complet, mais qui présente des lacunes sur le plan linguistique et interprétatif (à quoi bon mettre Dumézil à toutes les sauces ? –son idée tripartite est un angle d' interprétation très partiel et superficiel. Cet angle est surtout pratique, pour ne rien dire d'important et de fondamental)

la collection "langue-et-histoire":

Seuls les ouvrages en gras ont été publiés.
Les autres sont soit en attente de publication ou à l'état de brouillon.
Cette liste peut représenter la somme de travail qui m'a permis d'arriver aux conclusions du présent ouvrage.
Je suis évidemment disponible à étudier toute proposition d'édition ou d'aide à l'édition, ou même de collaboration à un ouvrage collectif.
Je suis également disponible, comme je l'ai, aussi, toujours été, à toute critique ou contradiction, ou même encouragement.
Comme je l'ai maintes fois écrit, j'appelle de mes voeux au minimum une critique, car la stratégie des académiques consistant à se taire ou à renvoyer toujours aux théories passées établies est insupportable et méprisable.
Le monde académique ne peut continuer à faire comme s'il n'existait aucune possibilité de critiquer.

vol 1-la religion gauloise et l'Atlantide (nov.2011)
vol 2-les énigmes d'Homère (janv 2012)
Décryptage de l'oeuvre d'Homère.
vol 3-expressions gauloises (1ère partie)(mai 2012)
De nombreuses expressions françaises populaires font référence à une langue qui n'existe plus et qui est à découvrir.
vol 4-la Première Histoire de l'Humanité (juin 2012), disponible auprès de l'auteur
Le document oral rapporté par Platon est le premier document historique. Les mythes ne sont pas là où on pense...Ils sont là où l'Eglise a voulu interférer sur l'Histoire...
vol 4b-the First History of Humanity (june 2012)
vol 5-dictionnaire des mots de la langue gauloise (1ère partie) (novembre 2012)- disponible auprès de l'auteur
Première tentative de traduction des langues gauloises; avec beaucoup d'arguments essentiels et inattaquables.
vol 6-toponymie gauloise (mai 2013)
Les mots de la toponymie française appartiennent à des langues peu connues, que l'on peut essayer de reconstruire, à défaut de traces écrites.
vol 7-l'Apollon gaulois (mai 2013)
Recherches sur le symbolisme d'Apollon dans l'iconographie et les inscrip-

tion de la Gaule.
vol 8-correspondances des noms de personne gaulois avec les noms de personne actuels (mai 2013)
Les prénoms et les noms de famille français ne peuvent se comprendre qu' avec les anciennes langues. Cela paraît un truisme, mais les intellectuels actuels n' en ont pas conscience...
vol 9-dictionnaire des dieux et déesses de l' Inde (sept 2013)
L' Inde est évidemment le berceau des civilisations.
vol 10-dictionnaire des noms de famille français (sept 2013)
vol 11a-dictionnaire des langues celtiques antiques (oct 2013)
vol 11b-ancient Celtic languages dictionary (oct 2013)
vol 12- les cachets d'oculistes (oct 2013)
Etude épigraphique des cachets d' oculiste.
vol 13-dictionnaire des divinités celtiques et romano-celtiques de l' Antiquité (oct 2013)
vol 13b -dictionary of the Ancient Celtic and Romano-Celtic deities (oct 2013)
vol 14- dictionnaire étymologique de l' hébreu-1ère partie: l' hébreu moderne- (avril 2018)- éditions BoD
Recherche sur les éléments récurrents, communs aux langues européennes et à l' hébreu moderne.
vol 15-dictionnaire des noms celtiques masculins de l' Antiquité- (nov 2018)- éditions BoD
Répertoire des noms de personnes, surtout ceux trouvés sur céramiques, en Europe.
vol 16-dictionnaire des noms celtiques féminins de l' Antiquité (nov 2013)
vol-17-répertoire des noms et épithètes des dieux celtes de l' Antiquité (nov 2013)
vol 18- comprendre la religion gauloise et la religion romaine par les inscription antiques d' Italie (nov 2014)
De nombreuses inscriptions latines, mal étudiées, et négligées, sont centrales dans la connaissance des religions antiques.
vol 19- comprendre la pensée de l' Inde par sa langue (janv 2015)
Le vocabulaire sanskrit est une mine d' informations sur les conceptions religieuses anciennes.
vol 20- liste des noms de personne celtes (sept 2014)
Complément au volume 15, avec une plus large part consacrée aux noms latins d' origine ou équivalent aux noms celtes.

vol 21-étude des toponymes: -temples gaulois et noms de lieux (janv 2015)
Une évidence, encore une fois niée par le monde intellectuel, conditionné par le latinisme et le christianisme: la religion gauloise a marqué la langue des noms de lieux.
vol 22-le découpage du temps dans les temps anciens (janv 2015)
Etude de la conception et du vocabulaire de la structure du temps.
vol 23-la signification de la mythologie gréco-romaine (janv 2015)
Les idées actuelles sur la mythologie gréco-romaine confrontées à l' étymologie et à la religion de l' Inde ancienne.
vol 24-la signification des noms de famille et le mystère des langues (déc 2014)
Tous les noms de familles expriment le fait que nous poursuivons le cycle commencé par un ancêtre, parfois très très ancien. Les noms de famille français, en raison de l' extrême ancienne connaissance druidique des langues, et de l' ignorance du très ancien français, étaient , jusqu' à présent, incompris.
vol 25-comprendre les noms de famille français par les inscriptions de Botorrita (fév 2015)
Comparaisons entre les inscriptions ibériques de Botorrita, les noms de la Gaule, et les noms français actuels.
vol 26- les inscriptions sur céramiques antiques- marques de potiers et autres (déc 2014)
La plupart des soi-disant "marques de potier" sont en réalité des inscriptions funéraires ! Leur étude est primordiale dans l' étude des noms antiques.
vol 26b - the so-called "potters' stamps " on *terra sigillata* (feb 2015)
vol 27- dictionnaire étymologique de l' araméen (nov 2014)
Comparaison entre l' araméen et le sanskrit.
vol 28- les noms de famille de France et d' ailleurs- (sept 2014 -mai 2021)- éditions BoD
vol 29-le vocabulaire religieux des inscriptions de l' Empire romain (déc 2014)
Beaucoup de traductions d' inscriptions latines sont fausses, douteuses ou posent questions.
vol 30-rapprochement entre les racines gauloises et sanskrites- éléments gaulois et sanskrits   (fév 2015)

vol 31-le Livre des Prières (janv 2015)
Une centaine de prières à la signification puissante, prises dans plusieurs religions.
vol 32-le vocabulaire du Christianisme (fév 2015)
Le symbolisme des mots de la religion chrétienne.
vol 33- le nom de la mort dans diverses langues et sa signification religieuse (fév 2015)
vol 34- dictionnaire étymologique de la langue basque (fév 2015)
La soi-disant "singularité" de la langue basque ne résiste pas à une véritable analyse phonétique scientifique...
vol 35- étude comparative des noms de personnes de l' Antiquité (fév 2015)
Les recherches passées et actuelles en anthroponymie sont trop indigentes.
vol 36b- German family names etymological dictionary (dec 2014)
Linguists have to free themselves from this childish point of view. Former words had other meanings than today...
vol 37b-English family names etymological dictionary (feb 2015)
Linguists have to free oneselves from this childish point of view. Former words had other meanings than today...
vol 38-dictionnaire étymologique des noms de famille italiens (fév 2015)
Les linguistes doivent quitter leurs raisonnements enfantins, qui attribuent aux anciens mots le même sens que maintenant.
vol 39- noms de famille composés et noms aristocratiques savants (fév 2015)
Tout reste à faire au sujet des noms de personnes.
vol 40-supplément au dictionnaire des noms de famille de France, du vol.10 (sept 2015)
vol 41- les suffixes et préfixes de la langue française (fév 2015)
Leur étymologie est très simple: ils existent également en sanskrit.
vol 42- les noms individuels (prénoms)de l'Antiquité (sept 2015)
Il ne faut pas confondre nom de personne, à connotation religieuse, et nom quotidien usuel.
vol 43-la langue du Moyen Age en partie reconstituée (sept 2015)
Deux nouvelles sources permettent de mieux comprendre l' ancien français: le sanskrit primitif et le français populaire.
vol 44b- Sanskrit Etymological Dictionary; june 2017, 323 pages, BoD Publishers (1st edition: dec 2014)
Ouvrage essentiel qui permet d' appréhender le sanskrit primitif.
vol 45- dictionnaire étymologique des noms de famille espagnols (déc 2014)

vol 46- dictionnaire étymologique de la langue française (déc 2014)
Tout restait à faire, voici les premières pages...
vol 47- sites archéologiques gaulois (fév 2015)
Présentation de quelques sites archéologique des époques gauloise et gallo-romaine.
vol 48- dictionnaire des mots gaulois compris dans les noms de personne antiques (sept 2015)
L' antithèse du dictionnaire de Delamarre: les noms gaulois comprennent l' expression religieuse de la vie ou de la mort des individus nommés; ce ne sont pas du tout des surnoms...
vol 49- les épithètes épigraphiques du dieu Mars (fév 2015)
vol 50- le mystère des religions et des langues: -la croix et les cornes (janv 2015)
Explication des grands symboles religieux.
vol 51- dictionnaire des symboles visuels et phonétiques de la Gaule (juin 2015)
vol 52- analyse philologique de la Bible (sept 2015)
Les mythes de la Bible, comme tous les mythes se décryptent grâce à la langue.
vol 53- les épithètes épigraphiques de Mercure (sept 2015)
vol 54- dictionnaire des saints (sept 2015)
Analyse linguistique et historique des innombrables saints du Christianisme.
vol 55- lexique catégoriel des langues celtiques antiques (sept 2015)
vol 56- dictionnaire des symboles visuels et phonétiques du Monde (juin 2015)
vol 57-le préverbe sanskrit *ava-* dans les langues européennes et mondiales (juin 2015)
L' élément /aua/ signifiant "vers le bas / vers l' intérieur" se retrouve dans presque toutes les langues mondiales.
vol 58b- Welsh etymological Dictionary- (sept 2015-jan 2021) -BoD Publishers
vol 59- dictionnaire des noms de montagnes de France (juin 2015)
vol 60b- worldwide mountain' s names dictionary (june 2015)
vol 61- les noms de lieux du département de la Drôme (août 2015)
vol-62-les noms des chefs gaulois de la Guerre des Gaules (juil 2017) -éditions BoD
vol 63- dictionnaire des noms de peuples antiques (janv 2016)
Les noms relevés par des Gréco-romains ignorants n' ont pas été décryptés.
vol 64- dictionnaire des noms de pays antiques (janv 2016)
Les langues anciennes étaient beaucoup plus précises que ce que l'on pense.
vol 65- les noms de lieux de cultes anciens d' Europe (sept 2015)

Quelles sont les caractéristiques topographiques de ces anciens lieux ?
vol 66- expressions gauloises (2ème partie)(suppl. au vol.3) (déc 2015)
vol 67- révision du dictionnaire de la langue indo-germanique de Pokorny (sept 2015)
La vision de Pokorny est rapetissée par le prisme germanique.
vol 68- toponymie gauloise-les routes et les chemins (nov 2015)
Adéquations entre une langue oubliée, la topographie et des mots actuels incompris ou mal perçus, par l'oreille et par l' intellect.
vol 69- les lieux de cultes du département d' Ille-et-Vilaine (déc 2015)
vol 70- dictionnaire philologique de l' eau et des rivières (déc 2015)
Le vocabulaire hydrologique ancien et actuel.
vol 71- les couleurs, la religion et les langues (déc 2015)
Rien n'est voué au hasard quand il s' agit de religion...
vol 72- supplément 2015 au dictionnaire de la langue gauloise (suppl au vol.5) (déc 2015)
vol 72b- year 2015, supplement to the Ancient Celtic Languages Dictionary (suppl. of vol.5) (dec 2015)
vol 73b- Indian Gods, concise and historical guide (dec 2015)
An explication of the Hindu Pantheon.
vol 74- les noms de famille de Belgique et du nord de la France (déc 2015)
vol 75- pour une autre approche des rites funéraires du Haut Moyen Age (janv 2016)
vol 76- les inscriptions gallo-romaines de la cité des Convènes (Aquitania) (janv 2016)
vol 77- les éléments de composition des noms de personnes celtiques de l' Antiquité (1)-les pré-éléments (fév 2016)
Les Anciens considéraient toute chose sous l' angle religieux, y compris les noms d' hommes. Pour eux, il y avait autre chose au-delà de la réalité apparente.
vol 78- les éléments de composition des noms de personnes des royaumes francs du Haut Moyen Age (fév 2016)
Il est temps de sortir des interprétations enfantines.
vol 79- dictionnaire des noms de personnes des royaumes francs du Haut Moyen Age (fév 2016)
En écho des travaux de Marie-Thérèse MORLET.
vol 80- dictionnaire des noms primaires et des prénoms de l' Humanité (fév 2016)
Il y a, dans les simples noms d' hommes du monde, la persistance de quelques

éléments qui caractérisent le concept linguistique de l' homme.
vol 81- les noms de lieux en rapport avec les ponts (mars 2016)
Les lieux de franchissement d'un obstacle (rivière, montagne) ont inspiré d'innombrables toponymes, dont, beaucoup, exprimés dans des langues inconnues jusqu' à présent; mais réinterprétés en langages connus.
vol 82- nouveau dictionnaire de la langue gauloise (mars 2016)
Mise à jour des vol.5 et 72, avec identification d' éléments toponymiques, jusque là inconnus.
vol 83- dictionnaire des noms d' abbayes (mars 2016)
Les noms d' abbayes ne doivent rien au hasard.
vol 84-les éléments anthroponymiques des noms de famille français (mars 2016)
Il existe des centaines de manières d' exprimer la descendance d'un ancêtre, dont certaines secrètes, car interdites.
vol 85- les éléments anthroponymiques des noms de famille du monde (mars 2016)
Les conclusions concernant les noms de famille français peuvent être élargies au monde entier.
vol 86-géographie religieuse de la Gaule (mars 2016)
Quel est le symbolisme de certains lieux ?
vol 87-géographie religieuse du Monde (mars 2016)
Quel est le symbolisme de certains lieux ?
vol 88-Histoire des noms de personnes du Monde-1ère partie-la protohistoire (mars 2016)
Chaque peuple, ou tribu, s' est toujours proclamé descendant d'un ancêtre commun. Il y a là, évidemment, une grande part de vérité, puisque chaque communauté humaine a commencé primitivement par une famille élargie. En étudiant chaque communauté, il est possible de sélectionner quels premiers noms ont été employés.
vol 89-Histoire des noms de personnes du Monde-2ème partie -l' Antiquité (avril 2016)
Quelles sont les traces des noms protohistoriques dans les noms antiques ?
vol 90-Histoire des noms de personnes du Monde-3ème partie-le Haut Moyen Age (avril 2016)
Quelles sont les traces des noms protohistoriques dans les noms du VI au Xème siècle ?
vol 91-Histoire des noms de personnes du Monde-4ème partie-le Moyen Age

(avril 2016)
Quelles sont les traces des noms protohistoriques dans les noms du XI au XVème siècle ?
Quelles sont les "modes" médiévales, en matière d' anthroponymie ?
vol 92- la religion gauloise (mars 2016)
Une tentative d' explication en croisant les images, les mots et les références aux religions védique, romaine et grecque.
vol 93-les éléments de composition des noms de personnes celtiques de l' Antiquité (2)-les suffixes
(mars 2016)
vol 94-dictionnaire des concepts linguistiques mondiaux (mars 2016)
Il existe, à l'évidence, un fond linguistique commun à l' humanité.
vol 95-dictionnaire des préfixes sanskrits (mars 2016)
Il s' agit d' un sujet essentiel, pourtant incroyablement négligé.
vol 96-dictionnaire des suffixes sanskrits (mars 2016)
Il s' agit d' un sujet essentiel, pourtant incroyablement négligé.
vol 97-les fondements de la religion védique (mars 2016)
Tentative d' explication de la religion védique, et par conséquent, de ses évolutions en Inde et dans le monde.
vol 98- dictionnaire étymologique de l' ancien français (avril 2016)
L 'ancien français n'est pas seulement explicable par le latin.
vol 99- les noms de marques et la langue védique (avril 2016)
Il existe un patrimoine linguistique dans le subconscient des peuples .
vol 100-dictionnaire philologique du Haut Moyen Age (avril 2016)
Grâce aux langues disparues et à l' analyse des anciennes religions, il est possible d' accéder à la mentalité de cette époque.
vol 101-dictionnaire philologique du Moyen Age (avril 2016)
Grâce aux langues disparues et à l' analyse des anciennes religions, il est possible d' accéder à la mentalité de cette époque.
vol 102-dictionnaire étymologique des noms de famille chinois (avril 2016)
Une évidence: les noms de famille chinois sont les noms de personne primaires européens.
vol 103-dictionnaire étymologique des noms de famille japonais (avril 2016)
Comme les noms de famille européens, les noms de famille japonais rappellent chacun un ancêtre.
vol 104-Histoire des noms de personnes du Monde-5ème partie-les époques moderne et contemporaine (avril 2016)

Quelles sont les traces des noms protohistoriques dans les noms du XVIè au XXème siècle ?
Quelles sont les nouvelles "modes" en matière d' anthroponymie ?
vol 105-les noms des îles dans le monde (avril 2016)
La plupart des noms d' îles reprennent un concept linguistique universel.
vol 106-les animaux dans les religions du monde (avril 2016)
Les caractéristiques religieuses des animaux consistent dans le symbolisme de leurs caractéristiques physiques, mais aussi dans leur nom.
vol 107-dictionnaire de la langue védique (mai 2016)
Explication de quelques mots du Rig-Veda.
vol 108-petit manuel de mythologie astronomique (mai 2016)
vol 109-dictionnaire étymologique de la religion gréco-romaine (juin 2016)
vol 110- le Diable et ses nombreux noms (juin 2016)
vol 111-les toponymes français du type *sanctuaire du chemin* (mai 2016)
vol 112-dictionnaire étymologique des noms de personnes à Rome (juin 2016)
vol 113-dictionnaire étymologique des noms de personnes de la Grèce antique (juillet 2016)
vol 114- les origines des superstitions (juin 2016)
vol 115-les noms de lieux du département de la Manche (juillet 2016)
vol 116-dictionnaire des mots gaulois compris dans les noms de lieux (juillet 2016)
vol 117-les trois types de sacrifices de la religion védique (sept 2016)
vol 118-les trois types de lieux de cultes de la religion védique (sept 2016)
vol 119-dictionnaire mondial des noms de dieux (oct 2016)
vol 120-Krishna et Jésus, Sauveurs de l' Inde et de l' Europe (oct 2016)
vol 121-dictionnaire des noms de lieux de France (déc 2016)
Dauzat et Nègre, dépoussiérés...
vol 122- dictionnaire étymologique de l' allemand (janv 2017)
vol 123b- English Etymological Dictionary (feb 2017)
vol 124- dictionnaire étymologique de l' italien (mars 2017)
vol 125b- Welsh place names Dictionary (april 2017)
vol 126b- Scottish place names dictionary (may 2017)
vol 127b- British place names dictionary (may 2017)
vol 128- dictionnaire des noms de lieux d' Allemagne (juin 2017)
vol 129-dictionnaire des noms de lieux de Bretagne (juin 2017)
vol 130- dictionnaire des noms de lieux d' Italie (juillet 2017)
vol 131- dictionnaire des noms de lieux d' Espagne (juillet 2017)

vol 132- dictionnaire des noms de lieux du Portugal (août 2017)
vol 133- dictionnaire des noms de lieux de Suisse (août 2017)
vol 134- dictionnaire des noms de lieux d' Alsace (sept 2017)
vol 135- dictionnaire des noms de lieux de Bourgogne (sept 2017)
vol 136- dictionnaire des noms de lieux de Lorraine (oct 2017)
vol 137- dictionnaire des noms de lieux du Pays Basque (oct 2017)
vol 138b- place names of India (oct 2017)
vol 139- les toponymes français du type "sanctuaire du carrefour" (nov 2017)
vol 140- étymologie de la langue védique (nov 2017)
L' origine protohistorique de toutes les langues.
vol 141- analyse théologique du chaudron de Gundestrup (nov 2017)
Une des rares traces visuelles des anciennes religions. Une mine inégalée d' informations.
vol 142- la prononciation des noms de personnes gaulois (déc 2017)
Il existe encore des incertitudes.
vol 143- dictionnaire des prénoms gaulois masculins (nov 2017)
vol 144- dictionnaire des noms de personnes des inscriptions funéraires de l' Europe occidentale antique (nov 2017)
vol 145- dictionnaire des suffixes du sanskrit classique (déc 2017)
Démarche différente du vol.96, avec beaucoup plus d' exemples.
vol 146- dictionnaire sanskrit des animaux (déc 2017)
vol 147- dictionnaire étymologique de la langue bretonne (janv 2018)
vol 148- dictionnaire étymologique des langues gauloises – (janv 2018) - éditions BoD
vol 149- dictionnaire étymologique de la langue étrusque (fév 2018)
vol 150- petit guide des noms aristocratiques (mars 2018)
vol 151- les noms des rivières de France (juillet 2018)
Renouvellement de l' ouvrage de Dauzat.
vol 152- les prénoms gaulois les plus courants (déc 2018)
vol 153- les prénoms et les noms religieux du Moyen Age, dans l' Europe du nord-ouest (déc 2018)
vol 154- les principaux textes gaulois: 1- le plomb du Larzac (mars 2018)
vol 155- les principaux textes gaulois: 2- le plomb de Chamalières (avril 2018)
vol 156- les principaux textes gaulois: 3- le fond d' assiette de Lezoux (mai 2018)
vol 157- l' expression de la dualité dans les langues du monde (sept 2018)
vol 158- les inscriptions gallo-romaines sur *vascula*: 1ère partie (mars 2018)

vol 159- supplément 2017 au dictionnaire des langues gauloises (fév 2018)
vol 160- les inscriptions étrusques (mai 2018)
vol 161- les noms de pharaons de l' Egypte ancienne (mai 2018)
vol 162- la religion de l' Egypte ancienne (juin 2018)
vol 163- les inscriptions gallo-romaines sur lampes à huile (janv 2019)
Encore une évidence: beaucoup de lampes à huile étaient des objets funéraires...
vol 164- les noms du soleil dans l' Antiquité (mars 2019)
vol 165- la traduction des inscriptions gauloises (fév 2019)
vol 166- les quatre éléments du RigVeda (avril 2019)
vol 167- les noms de montagne de l' Oisans (juillet 2019)
vol 168- le mystérieux code des inscriptions funéraires gallo-romaines de l' antiquité (sept 2019)
Il est plus que temps de porter un oeil critique sur l' épigraphie classique !
vol 169- études historiques et philologiques IV (juillet à décembre 2021) (déc 2021)
Recueil d' études philologiques et historiques.
vol 170- les noms du Soleil en sanskrit archaïque et classique (déc 2019)
vol 171- dictionnaire des noms de personnes des textes sanskrits (nov 2019)
vol 172- les noms de la Lune en sanskrit archaïque et en sanskrit classique (déc 2019)
vol 173- les anomalies dans les inscriptions gallo-romaines (janv 2020)
vol 174- les noms de tribus et de peuples gaulois (fév 2020)
vol 175- dictionnaire étymologique du grec ancien (mars 2020)
vol 176- études historiques et philologiques II (n°60 à 116)- (mai 2021) - éditions BoD-
vol 177- études historiques et philologiques I (n°1 à 59)- (octobre 2021) - éditions BoD-
vol 178- supplément 2019 au dictionnaire des langues gauloises (avril 2020)
vol 179- dictionnaire étymologique de l' arabe de Syrie (mai 2020)
vol 180- dictionnaire étymologique des prénoms arabes (mai 2020)
vol 181- études historiques et philologiques III (n°117 à 180)- (juillet 2021) - éditions BoD-
vol 182- dictionnaire étymologique des noms de famille arabes (juin 2020)
vol 183- dictionnaire étymologique des noms de famille russes (juillet 2020)
vol 184- dictionnaire étymologique du russe (août 2020)
vol 185- sanctuaires et pèlerinages d' origine gauloise- (sept 2020) -éditions

BoD
vol 186- manuel de toponymie française 1: les noms de cols- (oct 2020) - éditions BoD
vol 187- manuel de toponymie française 2: les noms en rapport avec "la route" (janv 2021)
vol 188b- Old British Personal Names- (april 2021) -BoD Publishers
vol.189- le livre des mystères des religions (déc 2021)
vol.190- gloses et scolies en celtique ancien 1: la lettre A (avril 2022)
Essentiellement une critique du Lexique étymologique de l' irlandais ancien de Joseph Vendryes.
vol.191- dictionnaire étymologique de l' ancien français médiéval (fév 2022)
Suite du vol.98: mise en lumière d'une autre origine que le latin.
vol.192- dictionnaire du celtique ancien des manuscrits continentaux du Haut Moyen Age (1ère partie) (sept 2022) –éditions BoD
Les celtologues ont inconsidérément, et impudemment, mélangé le celtique ancien avec l' irlandais de la fin du Moyen Age et plus; d' où d' innombrables erreurs...
vol.193- traduction des gloses en ancien celtique du manuscrit de Milan (déc 2022)
vol.194- les ancêtres de nos ancêtres (janv 2021)
Les noms primaires persistants, en France, depuis l' antiquité jusqu' à nos jours.
vol.195- les gloses de Würzburg 1: épîtres de Paul aux Romains (sept 2022)
vol.196- dictionnaire des langues parlées en France jusqu' au XVè siècle (sept 2023)
Vaste répertoire qui montre l' extraordinaire variété des langues et des racines.
vol.197- premiers psaumes en pays celte (fév 2022)
L' origine du christianisme celte, d' après les sources historiques et linguistiques.
vol.198- les gloses du manuscrits de Turin sur les bribes de l' Evangile de Marc (fév 2023)
vol.199- les gloses de Saint-Gall sur l' oeuvre de Priscien (juillet 2023)
vol.200- l' homélie de Cambrai (oct 2023)
vol.201- petits mots des langues anciennes 1: -le temps (nov 2023)
Aide à la traduction des adverbes, prépositions, conjonctions, déterminants de l' ancien celtique, du latin et de l' ancien français. Recherche des premières significations.
vol.202- petits mots des langues anciennes 2: -les conjonctions (déc 2023)
Mieux comprendre les mots qui servent à articuler les propositions en ancien

celtique, en latin et en ancien français. Recherche des premières significations.
vol.203- petits mots des langues anciennes 3: -les comparatifs (déc 2023)
Mieux comprendre les comparatifs de supériorité, d' égalité, et d' infériorité, en ancien celtique, en latin et en ancien français. Recherche des premières significations.
vol.204- petits mots des langues anciennes 4: -le lieu (déc 2023)
Mieux comprendre les mots qui servent à indiquer le lieu, ou la forme du locatif, en ancien celtique, en latin et en ancien français. Recherche des premières significations.
vol.205- petits mots des langues anciennes 5: -les concessifs (janv 2024)
En ancien celtique, en latin et en ancien français. Recherche des premières significations.
vol.206- petits mots des langues anciennes 6: -la manière (janv 2024)
En ancien celtique, en latin et en ancien français. Recherche des premières significations.
vol.207- petits mots des langues anciennes 7: -l' instrumental (janv 2024)
En ancien celtique, en latin et en ancien français.
vol.208- petits mots des langues anciennes 8: -les nombres (fév 2024)
En ancien celtique, en latin et en ancien français.
vol.209- petits mots des langues anciennes 9: - les relatifs (fév 2024)
En ancien celtique, en latin et en ancien français.
vol.210- petits mots des langues anciennes 10: -les démonstratifs (mars 2024)
En ancien celtique, en latin et en ancien français.
vol.211- petits mots des langues anciennes 11: les affirmatifs (avril 2024)
En ancien celtique, en latin et en ancien français.
vol.212- précis de phonologie ancienne (déc 2023)
vol.213- petits mots des langues anciennes 12: les indéfinis (avril 2024)
vol.214- critique de la théorie qui fait provenir le français exclusivement du latin (mai 2024)
Reprise point par point, avec des exemples, des arguments souvent fallacieux des pro-latinistes, que ce soit dans le vocabulaire ou en grammaire.
vol.215- petits mots des langues anciennes 13: -les interrogatifs (avril 2024)
vol.216- dictionnaire de la langue gotique antique (déc 2022)
vol.217- dictionnaire étymologique du gotique (mars 2023)
vol.218- gloses en ancien celtique (2ème partie) + le gotique et son importance en philologie et en histoire (mai 2023) -éditions BoD
vol 219- gloses en ancien celtique (3ème partie) + supplément au dictionnaire de

l' ancien celtique (nov 2023)

vol.220- gloses sur les psaumes du codex *Palatinus* de la bibliothèque vaticane, à Rome (à venir)

Traduction des gloses en ancien celtique, avec le texte latin.

vol.221- gloses de Cambridge sur les Psaumes (à venir)

vol.222- gloses du codex Regina et du codex de Berne   (à venir)

vol.223- gloses de Würzburg 2: première épître de Paul aux Corinthiens (à venir)

vol.224- gloses de Würzburg 3: deuxième épître de Paul aux Corinthiens (à venir)

vol.225- gloses de Würzburg 4: épître de Paul aux Galates (à venir)

vol.226- gloses de Würzburg 5: épître de Paul aux Ephésiens (à venir)

vol.227- gloses de Würzburg 6: épître de Paul aux Philippiens (à venir)

vol.228- gloses de Würzburg 7: épîtres de Paul aux Thessaloniciens (à venir)

vol.229- gloses de Würzburg 8: épître de Paul aux Colossiens (à venir)

vol.230- gloses de Würzburg 9: épîtres de Paul à Timothée (à venir)

vol.231: gloses de Würzburg 10: épîtres de Paul à *Titus*, à *Philemon*, aux Hébreux et à Pierre (à venir)

vol.232- le très ancien français (nov 2023) -éditions BoD

A la lumière des nouvelles traductions de l' ancien celtique: une nouvelle filiation de l' ancien français.

vol.233- grammaire du celtique ancien (à venir)

vol.234- dictionnaire des noms de famille juifs, originaires d' Europe (juillet 2022)

vol.235- dictionnaire des noms de peuples antiques et actuels (janv 2022)

vol.236- dictionnaire des noms de familles basques   (août 2022))

vol.237- les descendants des tribus gauloises, étude anthroponymique (juin 2024)- éditions BoD

vol.238– les mystères de la Table de Peutinger: 1– la Gaule du nord-ouest (janv 2024)

vol.239– la géographie de la Gaule chez Pline l' Ancien

vol.240– dictionnaire des dieux et déesses romains, et de leurs épithètes (juin 2024)

vol.241– encyclopédie de la philologie– lettre A (juillet 2024)

vol.242 -encyclopédie de la philologie– lettre B

vol.243– encyclopédie de la philologie– lettre C

vol.244– encyclopédie de la philologie– lettre CH

vol.245– encyclopédie de la philologie– lettre D
vol.246– encyclopédie de la philologie– lettre E
vol.247– encyclopédie de la philologie– lettre F /PH
vol.248– encyclopédie de la philologie– lettre G
vol.249– encyclopédie de la philologie– lettre H
vol.250– encyclopédie de la philologie– lettre i
vol.251– encyclopédie de la philologie– lettre J
vol.252– encyclopédie de la philologie– lettre K
vol.253– encyclopédie de la philologie– lettre L
vol.254– encyclopédie de la philologie– lettre M
vol.255– encyclopédie de la philologie– lettre N
vol.256– encyclopédie de la philologie– lettre O / AU
vol.257– encyclopédie de la philologie– lettre P
vol.258– encyclopédie de la philologie– lettre Q
vol.259– encyclopédie de la philologie– lettre R
vol.260– encyclopédie de la philologie– lettre S
vol.261– encyclopédie de la philologie– lettre T
vol.262– encyclopédie de la philologie– lettre U
vol.263– encyclopédie de la philologie– lettre V
vol.264– encyclopédie de la philologie– lettres W-X-Y-Z
vol.265– le fond commun au christianisme et aux religions antiques
vol.266– le département de la Manche: histoire et géographie ancienne (sept 2024)
vol.267– la linguistique comparative– exemples pratiques
vol.268– dictionnaire étymologique des noms de familles normands (avril 2024)
vol.269– dictionnaire des noms de pays modernes (mars 2024)
vol.270– commentaires philologiques des textes en ancien français du Livre des Psaumes (juillet 2024)
vol.271- commentaires philologiques de l' ancien français de La Conquête de Constantinople par Villehardouin (août 2024)

autres ouvrages:
-il te reste un monde à construire (poésies) (juin 2018) - éditions BoD
- Révoltes antifiscales et Fronde parlementaire de la première moitié du XVIIè siècle (nov 2018)- éditions BoD

L'examen sans préjugés de l' Histoire, de ses documents, de ses légendes, de ses mythes, et de ses mots, montre certains faits que l'on peut relier entre eux:
-un peuple très ancien fut le premier à maîtriser les premières techniques humaines: agriculture, industrie, langues et sciences naturelles (que l'on a appelées plus tard "la religion", c'est-à-dire "la science qui relie les choses entre elles").
-ce peuple a partagé ces innovations avec l' humanité.
-à l'origine de cette révolution de la condition humaine, il y a l'intelligence des Dravidiens, des druides, de David ou des derviches, puisque tous ces mots signifient "les hommes savants".